JN022800

BEDTIME STORIES FOR MANAGERS
Farewell, Lofty Leadership...
Welcome, Engaging Management

これからのマネジャーが大切にすべきこと

42のストーリーで学ぶ思考と行動

ヘンリー・ミンツバーグ＝著　池村千秋＝訳

ダイヤモンド社

BEDTIME STORIES FOR MANAGERS

Farewell, Lofty Leadership . . . Welcome, Engaging Management

by

Henry Mintzberg

Copyright©2019 by Henry Mintzberg
All rights reserved.

Japanese translation rights arranged with Berrett-Koehler
Publishers, Oakland, California
through Tuttle-Mori Agency, Inc., Tokyo

組織が牛のようでいられるように、
みずからもスクランブルエッグを食べている
すべてのマネジャーに捧げる。

はじめに

スマートフォンの電源は落としたかな？　よろしい。ようこそ『これからのマネジャーが大切にすべきこと（原題：*Bedtime Stories for Managers*）』へ。

この本は、遊び心でいっぱいだけれど、とても真剣なメッセージが込められた本だ。マネジメントは、現場から離れた高い場所でリーダーシップを振りかざすことではなく、地に足をつけて現場に関わっていくことであるべきだ——私は本書でこう訴えている。

では、そのようなマネジメントを実践するためにはどうすればいいのか。詳しくは本文に譲るが、生きた一頭の牛のような組織をつくればよい。そうすれば、庭の雑草のように自然に戦略が生まれ、普通の人たちが並外れたアイデアを生み出せるようになる。そうした人たちは、画一的にグローバルなのではなく、個性があってワールドリー、つまり実世界をよく知っている。

この本のテーマは、一番初めのストーリーに端的に示されている。それは、経営が苦しくなった航空会社のＣＥＯをめぐるストーリーだ。そのＣＥＯは、乗客が狭苦しい座席で

「スクランブルエッグ」とは名ばかりのひどい機内食を食べさせられていることも知らずに、ファーストクラスでくつろいでいた。しかし、混乱に満ちた世界では、自分もスクランブルエッグを食べなければマネジャーは務まらない。

私は数年前、ブログを書きはじめた（mintzberg.org/blog)。長年にわたって考え、書いてきたものの中から、どこかに埋もれているものや特に重要なものを掘り起こし、広く紹介したいと思ったのだ。

その後、モントリオールを拠点とするホッケーチームのファン向けの本と出合った。全部で101本の短いストーリーを集めた本で、夜、寝る前に読むのに打ってつけだった。毎晩、ベッドで本を開き、まぶたが重たくなるまで1つか2つずつストーリーを読んだ。

これをお手本に、ブログ記事を集めて、マネジャーが寝る前にベッドで読めるような本をつくってはどうかと考えた。一日のマネジメントの仕事を終えて——あるべきマネジメントを実践している人ばかりではないだろうが——ベッドに入ってから読める本があれば最高だと思った。

あなたがよく知っている素晴らしい組織を思い浮かべて欲しい。

●その組織は、「人的資源」の寄せ集めだろうか。それとも、生きた人間のコミュニティだろうか。
●その組織は、頭の中で考えることから物事を始めているだろうか。それとも、よりよい考えに到達するために、まず観察と行動から始める場合もあるだろうか。
●その組織は、数値計測に血道を上げているだろうか。それとも、心を込めて人々に奉仕することを大切にしているだろうか。
●その組織は、ライバルとの競争の中でベスト（一番）を目指しているだろうか。それとも、みずからのベスト（最善）を尽くそうとしているだろうか。

これらの問いに対して、それぞれ1つ目の選択肢を選んだ人は、この本を読むことで2つ目の選択肢の存在を知って欲しい。２つ目の選択肢を選んだ人は、１つ目の選択肢を選ぶような人たちへの対処法を学んで欲しい。

私は、１０１本以上あるブログ記事の中から、マネジャーにとって特に有意義だと思えるものを42本選んだ。書籍には章立てが必要だと言われたので、マネジメント、組織づくり、分析といったカテゴリーにストーリーを分類した。

章の冒頭でその章で何を伝えたいのかを説明したほうがいいとも言われたが、その求めには応じなかった。読者自身にそれぞれのストーリーの意味を考えてほしかったからだ。

この本は、最初から順に読む必要はない。最初のストーリーは最初に、最後のストーリーは最後に読んで欲しいが、それ以外は順番にこだわることなく味わっていただければと思う。優れたマネジャーも、そのような姿勢で仕事と向き合う場合がある。

ページをめくるとき、次はどんな世界が現れるのかと思いながら読み進めてもらえれば幸いだ。でも、少しだけヒントを差し上げよう。たとえば、以下のような比喩が出てくる。牛と庭、スクランブルエッグ、オーケストラの指揮者、ハードデータのソフトな急所、ミツバチのような取締役会、現代版の瀉血《しゃけつ》としての経営合理化などだ。

読者には、本書を読んで気分を害さないでいただきたい。私が主張することは、反発を買うものほど優れている場合がある。そのような主張は、それが自明のこととして受け入れられるまでに時間がかかるものだ。

この本はマネジメントの本だが、マネジメントの特効薬は期待しないで欲しい。私に言わせれば、特効薬を提供しようとする本は、問題をより複雑にするだけだ。本書では、思いがけない発見を提供したい。その発見について考えながら眠りに就き、朝起きて、まっとうなスクランブルエッグを食べ、そのあと元気よく、マネジメントの惨状を是正するために仕事に励んでほしい。そうすれば、あなたも、あなたの同僚も、そしてあなたの家族も、少しばかり幸せが増すかもしれない。

では、よい夢を!!

目次

第2章 組織の話 37

第3章 分析の話 81

第1章 マネジメントの話

大きなことと小さなことが私の仕事。
その中間の問題は、誰かに任せればよい。
松下幸之助

01 マネジメントとスクランブルエッグ

ずいぶん昔の話だ。ある朝、私はイースタン航空で、カナダのモントリオールからニューヨークに向かっていた。その頃、イースタン航空は世界屈指の航空会社だったが、このあとほどなく経営破綻した。

私が乗ったフライトでは機内食が提供されていた。しかし、その朝に食べさせられたのは「スクランブルエッグ」とは名ばかりのひどい代物だった。私は客室乗務員に文句を言った。「ひどい機内食は何度か食べたけれど、これは最悪と言うほかない」

「そうですよね」と、その女性は言った。「会社には伝えているのですが、聞く耳をもたないのです」

そんな馬鹿な！　墓地を経営している会社なら、「顧客」の意見をくみ取るのが難しいとしても無理はない。でも、これは航空会社だ。私はひどいサービスや商品に出くわすと、経営陣がマネジメントそっちのけで金勘定に目を奪われているのではないかと疑いたくなる。(注1)

イースタン航空の財務担当者は、財務データを当然見ていたに違いない。おそらく、座席利用率などの数字をもとに問題点も指摘していただろう。でも、そうしたデータを鵜呑みにしてはならない。会社が破綻した原因は、スクランブルエッグだったのだ。

この何年か後、マネジャーの集まりで私がこの体験談を披露すると、ＩＢＭのマネジャーが、みずからが体験した別のエピソードを聞かせてくれた。

イースタン航空のＣＥＯが時間ぎりぎりで自社便に乗ろうとしたらしい。ファーストクラスは満席だったので、同社は料金を払い戻してファーストクラスに座っている客をエコノミーに移動させ、自社のＣＥＯのために座席を用意した。このＣＥＯは、ファーストクラスに乗ることが当たり前になっていたのだろう。ＣＥＯは申し訳ないと感じたらしく、エコノミーの客室に足を運び（少なくともエコノミーの場所は知っていたようだ）、席を譲ってくれた客にお詫びを言い、よせばいいのに自分がイースタン航空のＣＥＯだと名乗った。すると、その客はこう言った。「そうですか、私はＩＢＭのＣＥＯです」

誤解してはならない。地位のある人物の座席をキャンセルしたことが問題だったのではない。正反対だ。地位をないがしろにしたことではなく、地位を気にしすぎたことが同社の問題だったのだ。自社のＣＥＯを地位にふさわしく扱うことにこだわりすぎて、まっとうな判断を二の次にしたことが問題だった。マネジメントで大事なのは、座り慣れた席にどっかり腰を下ろすことではなく、まずいスクランブルエッグを自分も食べることだ。

02 「マネジャーは指揮者」という神話

マネジャーは、しばしばオーケストラの指揮者にたとえられる。壇上でメンバーの前に立ち、指揮棒を素早く振るうとマーケティング部門が演奏を開始し、指揮棒をゆっくり振るうと営業部門がそれに加わる。そして、両腕を大きく動かして合図すると、人事部門、PR部門、IT部門が一斉に美しい音楽を奏ではじめる。これは、マネジャーが夢見る理想の世界だ。実際、指揮者が講師を務めるリーダーシップセミナーまである。(注2)

ここでちょっとしたゲームに付き合ってもらいたい。以下に、マネジャーを指揮者と重ね合わせた文章を3つ紹介する。あなたのマネジメント観に一番近いものに手を挙げてほしい。ただし、3つすべてを読んでからではなく、それぞれの文章を読んだあとに、それが自分の考えと一番一致すると思えば挙手するものとする。その代わり、3回とも挙手してもいいことにしよう。

1つ目は、マネジメント論の大家、ピーター・ドラッカーの文章だ。

マネジャーは、オーケストラの指揮者にたとえることができる。一つひとつの楽器の音は、それだけでは意味のないただの音にすぎないが、指揮者の努力とビジョンとリーダーシップによって命を吹き込まれ、一つのまとまった音楽になる。ただし、指揮者は作曲家の楽譜に従わなくてはならず、その意味で楽譜の解釈者にすぎない。その点、マネジャーは作曲家兼指揮者のような存在だ。(注3)

あなたは、マネジャーを作曲家兼指揮者とみなす考え方に賛成だろうか。

次は、スウェーデンの経済学者、スネ・カールソンの文章だ。カールソンは、スウェーデンの企業経営者たちの業務を初めて本格的に研究した人物である。

私はこの研究に着手するまで、企業経営者は壇上に立つ孤高のオーケストラ指揮者のようなものだと思っていた。いまは、マリオネットに似た一面があると感じている。大勢の人たちに操り糸を引っ張られ、さまざまな行動を強いられるマリオネットだ。(注4)

あなたは、マネジャーがマリオネットに似ていると思うだろうか。

最後は、アメリカのミドルマネジャーを研究したレナード・セイルズの文章だ。

> マネジャーはオーケストラの指揮者に似ている。指揮者は調和の取れた音楽を生み出すために奮闘しなくてはならない……ところが、演奏家の一人ひとりがそれぞれ問題を抱えているし、ステージ係は楽譜台を動かしてしまう。ホールが暑すぎたり寒すぎたりすれば、観客の集中力が途切れるし、楽器の調子もおかしくなりかねない。コンサートのスポンサーが理不尽なプログラム変更を要求することもある。[注5]

あなたは、この3番目の描写に共感するだろうか。

私はマネジャーたちを相手に講演するとき、以上の3つの文章をよく読み上げる。聴衆の反応はいつも同じだ。まず、ドラッカーの引用を紹介すると、数人が手を挙げる。次に、マリオネットの比喩。手を挙げる人が少し増える。そして、3番目の文章を読み上げると、一人残らず全員が手を挙げるのだ！

そう、マネジャーは、確かに指揮者に似ている。しかし、それはコンサートのステージで脚光を浴びているときの指揮者ではなく、日々の問題に対処しているときの指揮者だ。リハーサルのときの指揮者と言ってもいいだろう。勇壮に指揮棒を振るう指揮者のイメージは、忘れたほうがいい。

オーケストラの指揮者はそもそもマネジャー、さらにはリーダーと呼べるのか。コンサートの本番以外では、間違いなくマネジャーでありリーダーでもある。演奏家を選び、曲目を決める。リハーサルでも、すべてを調和させるために尽力する。しかし、本番ではほとんど演技しかしていない。それは演奏家たちの様子を見ればよくわかる。演奏家は、指揮者をまったくと言っていいほど見ていない。指揮棒を振るうのが客員指揮者という場合もある。マネジメントの世界では「客員マネジャー」など想像もできない(注6)。

すべての采配を振っているのは誰なのか。大指揮者トスカニーニなのか、それとも大作曲家チャイコフスキーなのか。実際に音楽を奏でるのは演奏家だが、演奏家は、作曲家がそれぞれの楽器に向けて書いた楽譜にすべて従わなくてはならない。この点を考えると、指揮者ではなく作曲家こそ、作曲家兼指揮者のような存在ということになる。しかし、作曲家はたいていこの世にいないので、指揮者が栄誉を独り占めしているのだ。

シェークスピアが言うように「世界はすべて舞台、人はみな役者」だとすれば、作曲家も指揮者も演奏家もマネジャーも、みな一人の役者、すなわちプレーヤーにすぎない。リーダーとして高い壇上に奉られるべきマネジャーなどいないのだ。

03 マネジメントとリーダーシップ

リーダーシップをマネジメントと切り離し、マネジメントより高度なものとみなす「神話」が浸透している。この神話はマネジメントに悪影響を及ぼしてきた。リーダーシップへの悪影響は、それに輪をかけて大きい。

よく、正しい物事をおこなうのがリーダーで、物事を正しくおこなうのがマネジャーだと言われる。(注7) もっともらしい分析だが、この見方は間違っている。正しくない方法で正しいことを実行することなど不可能だからだ。

カナダ・ロイヤル銀行のジョン・クレゴーン会長は、街で故障したATMを見ると、出張中でも本社に電話することで知られていた。同社には膨大な数のATMがある。クレゴーンは、細かいことに口出しするマイクロマネジャーだったのだろうか。そうではなく、手本を示すことでリーダーシップを発揮していたと言うべきだろう。ときとして、最良のリーダーシップは、質の高いマネジメントという形で実践されるのだ。

あなたは、リーダーシップのないマネジャーの下で働いたことがあるだろうか。それは、さぞ士気の下がる経験だったに違いない。では、マネジメントをしないリーダーの下で働いた経験は？　そのようなリーダーは、現場で起きていることを把握できないだろう。スタンフォード大学で教鞭を執った組織論研究者のジェームズ・マーチが述べたように、「リーダーには、詩人であることと配管作業員であることの両方が求められる」のである。(注8)

リーダーシップをマネジメントから切り離して考えるのはもうやめよう。両者は一枚のコインの表と裏の関係にある。「大きなビジョン」ばかりを語り、現場を見ずに遠隔操作でリーダーシップを振るおうとする風潮は、もうたくさんだ。大きなビジョンも、現場の経験をもとに、いわば一筆一筆描き上げていくべきなのだ。

マネジメントの過剰とリーダーシップの不足を問題にする主張をよく耳にするが、現実は正反対だ。実際には、お高く止まったリーダーシップが蔓延し、地に足のついたマネジメントが不足している。この両者の違いを次のページの表にまとめてみた。どちらが好ましいだろうか。

マネジメントの2つの流儀

お高く止まったリーダーシップ	地に足のついたマネジメント
1 リーダーは重要人物である。製品の開発やサービスの提供に携わる人たちとは別世界の住人だ。	1 マネジャーがどのくらい重要な存在かは、メンバーをどのくらい重要な存在にできるかで決まる。
2 リーダーは「上」に行けば行くほど偉くなる。「トップ」に座るCEOは会社そのものだ。	2 優れた組織とは、上意下達のピラミッド型の組織ではなく、メンバーが互いに影響を及ぼし合うネットワーク型の組織だ。優れたマネジャーは、ピラミッドのてっぺんに腰かけず、ネットワークの中を縦横無尽に動き回る。
3 戦略は、ピラミッド型組織の上から下へと指示される。トップがドラマチックな行動を取り、明確で計画的で大胆な戦略を打ち出す。その戦略を実行するのは、そのほかの人たちの役目だ。	3 新しい戦略はネットワークの中から生まれる。強い参加意識をもった人たちが目の前の小さな問題を解決していくとき、そこから大きな戦略が形成される。
4 リーダーシップとは、意思決定をおこない、人材を含む資源を分配することだ。したがって、上がってきた報告と計算に基づいて行動することがリーダーの役割となる。	4 マネジメントとは、生身の人間と自然に意思を通じ合わせること。マネジャーは、具体的な状況に軸足を置いて、自分の頭で判断し、人々を引き込まなくてはならない。
5 リーダーの地位は、自分の意思を他人に押しつける人物に与えられる。	5 リーダーシップとは、尊敬される人のみが得られる、人々からの尊い信頼である。

04 マネジャーは欠点を見て選べ？

有能なマネジャーやリーダーの条件とは、どのようなものなのか。(注9) その条件は、たいてい短いリストの形で示される。たとえば、トロント大学ロットマン経営大学院のＥＭＢＡ（エグゼクティブＭＢＡ）プログラムのパンフレットは、以下のような資質をリストアップしている。

- 現状を疑う勇気があること。
- 過酷な環境で成功できること。
- 物事をよくするために協働できること。
- 急激に変化する世界で明確な進路を定められること。
- 恐れることなく決断できること。

このような短いリストでは、どうしても抜け落ちる要素がある。たとえば、このリストには、「基本的な知性」や「人の話を聞く力」が含まれていない。しかし、心配は無用だ。それが載っているリストもある。

そこで私は、手に入るすべてのリストの内容を足し合わせ、さらに自分の好みの要素をいくつか付け加えて、完全版と言えるリストをつくってみた。それが、このストーリーの最後に載せた表だ（15ページ）。リストアップされた資質は52個。これらの資質をすべて兼ね備えれば、とてつもなく優秀なマネジャーになれるに違いない。生身の人間にそれが可能だとは思えないが。

欠点のないマネジャーはいない

マネジャーに必要な資質をリストアップするという発想は、社会に蔓延しているリーダーシップ幻想の一つの表れだ。私たちはしばしば、神様でもない一人の人間を高い台座に上がらせて崇拝する（「ルドルフは最高の人材だ！　きっと私たちを救ってくれる！」）。そして、状況が暗転すると、手のひらを返したようにあしざまに罵る（「ルドルフのせいで、ひどい目にあった！」）。しかし中には、危うい台座の上に乗ることなく、上に立つ者の責任を果たすマネジャーもいる。その人たちは、どうやって成功できたのか。

この問いの答えは簡単だ。実は、成功しているマネジャーにも欠点はある。欠点のない人間など、どこにもいないのだから。成功しているマネジャーの場合は、置かれた環境でその欠点が致命的な問題を生んでいないにすぎない。分別のある大人は、互いの欠点を受け入れ、それに対処する方法を見いだすものなのだ。

致命的な欠陥があるのは、人間離れした資質リストのほうだ。あまりに非現実的だし、そのような資質が救いようもない弊害を生む場合もある。

たとえば、「恐れることなく決断できること」の重要性に異を唱えるのは難しいと思うかもしれない。しかし、第43代アメリカ大統領のジョージ・W・ブッシュは、恐れることなく決断し、リーダーシップを振るって、アメリカを２００３年のイラク戦争に引きずり込んだ（一方、マネジメントはおこなわなかった）。イラク戦争は、ブッシュの「現状を疑う勇気」の産物でもあった（残念ながら、ブッシュは側近たちの悪しき助言は疑わなかった）。

それに対し、家具製造・販売大手のイケア（ＩＫＥＡ）を創業してマネジメントをおこない、小売業界の歴史に残る目覚ましい成功を収めたイングヴァル・カンプラードは、「急激に変化する世界で明確な進路を定める」までに15年もの年月を要したとされる（正確に言うと、イケアが成功できたのは、家具業界が急激に変化していなかったからだ。同社が業界のあり方を変えたのである）。

欠点がわかっている人のほうがいい

まったく欠点がない人間はいない。いずれ欠点が明らかになるのなら、早いうちにその欠点がわかったほうがいい。マネジャーの場合は特にそうだ。したがって、マネジャーを選ぶときは、強みと同じぐらい欠点にも注目したほうがいい。

しかし現実には、長所にばかり注目して人選がおこなわれることが多い。「サリーは人脈づくりの達人だ」「ジョーは壮大なビジョンをもっている」といった具合に、一つの長所だけを理由に選ばれることすらある。前任者が人脈づくりの稚拙さや戦略ビジョンの欠如でつまずいた場合は、とりわけこの傾向が強まる。

誰かの欠点を知る方法は、2つしかない。その人と結婚するか、その人の下で働くかだ。しかし、マネジャーを選考する人たち――CEOを選ぶ取締役や、自分の部下として働くマネジャーを選ぶ上司（それにしても「上司」「部下」というのはぞっとする言葉だ）――の中に、（結婚まで求めるつもりはないが）その候補者の下で働いた経験がある人がどれだけいるだろう。そんな人はほとんどいない。その結果、上には愛想よく振る舞い、下には威張り散らすような人間がマネジャーに選ばれることが多い。この種の人間は、自信ありげで弁が立ち、「上司」に好印象を与えるのは得意でも、「部下」をマネジメントするときはひどい態度を取る。

成功するマネジャーが備えている資質

さまざまな資料に基づく。下線を引いた太字は私が特に重要と考える要素。

●勇気	●**内省的**	●**思慮深さ**／知性／**賢明さ**
●**献身**	●**洞察力**	●分析力／客観的思考
●好奇心	●偏見がない／寛容（人、アイデア、曖昧さに対して）	●実際的思考
●自信	●革新性	●決断力（行動志向）
●**率直さ**	●コミュニケーション能力（聞き上手であることなど）	
	●**人脈が豊富**／情報通	
	●鋭い察知力	
●積極性／カリスマ性	●エネルギッシュ／熱中する力	●協働志向／参加志向／協調性
	●前向き／楽観的	
●情熱	●大志	●**愛嬌**
●**鼓舞する力**	●不屈／粘り強さ／熱意	●他者を支える姿勢／同情心（思いやり）／共感能力（相手の身になって考える能力）
●ビジョン		
●安定性	●一貫性	●長身*
●頼りがい	●柔軟性	
●公正さ	●バランス感覚	
●責任感	●総合的思考	
●倫理感／誠実さ		

＊「長身」は私が見たどのリストにも出てこない要素だが、意外にも裏づけとなる研究がある。イーノック・バートン・ゴーウィンの1920年の著書*The Executive and His Control of Men: A Study in Personal Efficiency*では、「身長や体重などの体格と地位の間に関連はあるのか」を検討した（同書p.22, p.31）。ゴーウィンによれば、この問いの答えはイエスだ。たとえば、教会の高位聖職者は小さな町の牧師よりも、公教育の学区長は学校長よりも平均して背が高い。ゴーウィンの調査により、鉄道会社の幹部や州知事などについても同様のことがわかっている。ただし、背が低かったナポレオンや女性リーダーたちについては言及がない。

マネジャーを選ぶときは、候補者を最もよく知っている人たちの話を聞くべきだ。とはいっても、その人物の配偶者に話を聞いても役に立たない。現在の配偶者はその人をよく言うに決まっているし、過去の配偶者は悪く言うに決まっている。しかし、候補者にマネジメントされた経験がある人たちの話なら聞けるはずだ。

私は、マネジメントに「魔法の特効薬」があるとは思わない。それでも、マネジメントのあり方を大きく改善するための処方箋があるとすれば、それは「マネジャーの選考では、候補者にマネジメントされた経験のある人たちの声を聞け」というものだ。この点をじっくり考えてみて欲しい。

05 「魂なきマネジメント」の蔓延

娘のリサがまだ幼かった頃、靴の中に私宛てのメモを残したことがあった。靴底《ソール》が壊れていると言いたかったのだろう。そこにはこう書かれていた。「魂《ソウル》を修理しなくちゃ」

2人の看護師長

以前、主に医療関係のマネジャーを対象とする「ＩＭＨＬ」（国際医療リーダーシップ修士課程）で、参加者にそれぞれの経験を語ってもらったときのこと。

ある産科医は、研修医時代にいくつもの病院を慌ただしく行き来していた日々を振り返った。当時、彼と同僚たちには「働くのが楽しい」と思える病棟があった。とても「幸せな職場」だったという。それは看護師長の気遣いの賜物だった。彼女は思いやりがあり、すべての人を尊重し、医師と看護師のチームワークづくりに腐心していた。ひとことで言えば、この職場には魂があった。

やがて、その看護師長が退職し、ＭＢＡをもっている看護師が後任に就いた。新しい看護師長は、「誰の話を聞くこともなく……あれやこれやと問題を指摘しはじめた」。看護師たちにも厳しい態度で接し、わざわざ早めに出勤して遅刻をチェックすることまであった。以前は勤務開始前におしゃべりや笑い声があったが、「誰かが泣いていることも珍しくなった」。新しい看護師長の厳しい言葉のせいだった。

看護師たちの士気は下がり、それはすぐに医師たちにも伝染した。「わずか2〜3カ月で、素晴らしい家庭的な職場がすっかり壊れてしまった……昔はみんながわれ先に出勤したが、その病棟に行くのがもう楽しくなくなった」。しかし、「上層部は手を打とうとしなかった。もしかすると、問題に気づいてすらいなかった可能性もある」とのことだった。

よく聞く類いの話だ。自分も経験があるという人も多いに違いない。私は1週間に4回も同じようなエピソードを聞いたことがある。この新任の看護師長のようなCEOも珍しくない。魂のないマネジメントが社会に蔓延している。ひどい場合は、卑劣な心根の人物が威圧的な態度を取り、同僚同士が対立するよう仕向けるケースもある。

魂のあるホテル

あるとき、私はイギリスのホテルで開かれた学会に出席した。活力と魂がなく、スタッフの定着率が低い——要するに、よくある大手チェーンのホテルだった。そのあと、私は娘のリサと一緒に湖水地方に足を延ばし、私たちの教育プログラムで利用する候補になっていたホテルを訪ねた。

私はそこに足を踏み入れた瞬間、すっかり気に入った。スタッフは大切に扱われており、適材適所に配置されていて、宿泊客をもてなしたいという思いにあふれていた。要するに、このホテルには魂があった。長年にわたり組織論を研究してきた私は、ある組織に魂があるかないかを瞬時に感じ取れるときがある。そこに満ちているのは倦怠感かエネルギーか、「案内係」のつくり笑いか心からの笑顔か、「顧客サービス」という業務上の行為か偽りのない気配りかがすぐにわかる。

「魂があるって、どういうこと？」と、リサが言った。

「見ればすぐわかるよ。それは職場の隅々に表れるんだ」と私は答えた。

そのあと私は、レストランのウェーターに、ハイキングコースについて尋ねた。彼はよく知らなかったらしく、支配人を呼んできた。支配人はとても詳しく説明してくれた。

私は受付の若い女性ともおしゃべりした。

「ベッドの上に置いてあるクッション、とても素敵ですね」

「そうなんです」と、その女性は言った。「オーナーが隅々まで気を配っていて、クッションも自分で選んでいるんです」

「あなたはここで働いて何年になるんですか」

「4年になります」と、彼女は胸を張って答えた。支配人は勤続14年、副支配人は12年、営業部長もそれに近い年数働いているとのことだった。

どうして、すべての組織がこのホテルのようになれないのか。スタッフにせよ、顧客やマネジャーにせよ、人は誰でも、機会さえあれば他者への気遣いを示したいと思っている。人間には魂があるからだ。病院やホテルも同じだ。私たちはせっかく素晴らしい組織をつくったのに、どうして、およそ何かをマネジメントする資格などない人たちの下でその組織を朽ちさせてしまうのか。魂《ソウル》を、そしてマネジメントを、ただちに「修理」すべきだ。

column

魂なきマネジメントをおこなうための5つの簡単な方法

この本で紹介する「5つの簡単な方法」の類いは、この一つだけだ。以下のいずれかを実行すれば、あなたも魂なきマネジメントを実践できる!

1 ひたすら財務成績を気にしてマネジメントをおこなう。製品やサービスや顧客を尊重するより、お金をマネジメントすることによって利益が得られると考える。

❷あらゆることを計画通りにおこなう。物事を自然な流れに任せたり、その過程で学習したりすることはいっさい拒否する。

❸マネジャーを頻繁に人事異動させ、流行のマネジメント手法以外は何も詳しくない人物をつくり上げる。

❹原材料や設備などの「資源」を売買する感覚で、「人的資源」を雇ったり首にしたりする。

❺あらゆることを「5つの簡単な方法」の類いに従って遂行する。

5つの簡単な方法に頼るより、視覚や聴覚などの5つの感覚を研ぎ澄ませてマネジメントをしたほうがよさそうだ。

06 インターネット時代のマネジメント

マネジメントの本質はいつの時代も同じだ。マネジメントは、アートとクラフト（技）を土台にした実践であって、分析を土台とするサイエンスや専門技術とは異なる。マネジメントの対象が変わることはあっても、そのための有効な方法は変わらない。

では、さまざまなデジタルテクノロジー、特にメールが登場しても、マネジメントの基本的な内容は変わっていないのか。ある一点を除けば、答えはイエスだ。デジタルによって変わった一点とは、マネジメントという行為に昔からあった特徴がいっそう顕著になった、ということだ。昔からの特徴とは、マネジャーには際限なくあらゆることが降りかかるということだ。

マネジャーの仕事は昔から……

私の1973年の研究で浮き彫りになったように、マネジャーの日々は非常に慌ただしい。いつも時間に追われていて、強いプレッシャーにさらされ、ひっきりなしに行動しなくてはならず、何かをしていても頻繁に中断される。あるマネジャーの言葉を借りれば、マネジメントとは「いまいましいことが次々と降りかかる」仕事なのだ。(注10)

また、マネジャーの仕事は、おおむね口頭でおこなわれる。読んだり書いたりするより、話したり聞いたりすることのほうが多い。そして、タテの関係にある人たちと同じくらい、ヨコの関係にある人たちとコミュニケーションを取らなくてはならない。大半のマネジャーは、部署内の部下たちと同等かそれ以上、部署外の人たちとの仕事に時間を使う。

こんなマネジメントは問題だ、と言いたいのではない。これがごく当たり前のマネジメントなのだ。

インターネットの影響

では、メールなどのデジタルテクノロジーは、こうしたマネジメントのあり方にどのような影響を及ぼしているのか。

● 間違いなく言えるのは、どこにいる人とでもただちにコミュニケーションが取れるようになったことで、マネジメントのスピードとプレッシャーが増したということだ。仕事を中断される傾向も強まった。メールが届いたら、すぐに返信しなくてはならないからだ。しかし、思い違いをしてはならない。研究によれば、インターネット以前の時代も、マネジャーたちは仕事を中断されることをみずから「選択して」いたのである。着信メールを頻繁にチェックし、ただちに返事を書くようになったことで、その傾向に拍車がかかっただけと見るべきだ。あるCEOは「絶対に逃げられない。どこへ行っても、じっくり物を考えることなどできない」と言ったが、そんなことはない。その気になれば、どこへでも好きな場所に行き、好きなだけ物思いにふけられる。

●インターネットが存在する状況は、マネジャーを行動に駆り立てている。すべてのことが瞬時に素早くおこなわれるのが当たり前になったのだ。体を動かす機会を減らした（コンピュータの画面をのぞき込むマネジャーの姿を思い浮かべてほしい）テクノロジーのせいで、マネジャーが忙しく行動する傾向が強まっているのは、なんとも皮肉な話だ。デジタルデータが飛び交うようになって、マネジャーの行動過剰が悪化しているのである（いまこの文章を日曜の夜に読んでいるなら、メールをチェックしたほうがいい。上司から月曜の朝の会議について連絡が入っているかもしれない。いや、会議を招集したいのはあなたのほうなのかも）。

●当然のことだが、コンピュータの画面上の文章を読んだり、キーボードで文章を書いたりすることが増えれば、人と直接会って話す機会は減る。一日の時間は限られている。部下やわが子と過ごしたり、たっぷり睡眠を取ったりする代わりに、コンピュータでの情報のやり取りに費やす時間がどれくらい増えただろう。

●メールでは、言葉による情報しか伝わらない。声の調子も聞こえないし、身振り手振りも見えない。雰囲気も感じ取れない。しかし、マネジメントで重要なのはそういう情報だ。電話で話すとき、私たちは笑ったり舌打ちしたりする。会って話せば、うなずいたり首を振ったりして、賛意や不同意を表現する。観察力の鋭いマネジャーは、こうした手がかりを見逃さない。

●メールのおかげで、世界中の大勢の人と接触し、関係を保つことが容易になった。しかし、職場の同僚との関係はどうだろう。コンピュータの前に座る時間が増えて、同僚と接する時間が減ったのではないだろうか。ある政府高官は、スタッフと毎朝早い時間にメールでコミュニケーションを取っていると胸を張った。この人物はキーボードにこそ触れているかもしれないが、スタッフと触れ合っているとは言えない。

マネジャーの慌ただしさが度を越すと、問題が発生する。そのツケは覚悟すべきだ。新しいテクノロジーの弊害は、細部に表れる場合もある。業務が多忙を通り越して狂乱状態になると、自分の仕事をコントロールできなくなり、組織に害を及ぼしかねない。

インターネットは、物事をコントロールできているという幻想をいだかせることで、マネジャーたちが業務に振り回されてコントロールを失う状況を生んでいるのかもしれない。

デジタルの時代には、マネジャーがますます多忙になるため、マネジメントが現場と乖離して上っ面だけのものになりがちだ。新しいテクノロジーに振り回されないよう気をつけよう。デジタル機器に幻惑されてはならない。大事なのは、テクノロジーの恩恵だけでなく危険もよく理解し、テクノロジーを使いこなすことだ。さあ、コンピュータの電源を落として、ベッドでよい夢を見よう。

column

本当に「変化の時代」なのか

CEOがスピーチ原稿をつくるためにコンピュータに向かうと、次の瞬間には、「私たちは大きな変化の時代を生きています」という定型文が表示されても不思議でない。過去半世紀、この類いのフレーズはスピーチの決まり文句になっている。

この点に関して大きな変化は起きていないようだ。

しかし、私たちは本当に「大きな変化」の時代を生きているのか。あなたの身の回りを見て、何が根本から変わったか挙げてみてほしい。食べ物や家具、交友関係、熱中するものなどは変わっただろうか。

あなたは、ネクタイを締めたりハイヒールを履いたりしているだろう。それは、昔から「ずっとそうしてきたから」ではないのか。あなたが運転する自動車はどうか。エンジンの基本的な設計はT型フォードの時代からおそらく変わっていない。今朝、服を着替えたとき、あなたはボタンを留めただろう。大きな変化が起きているのなら、どうしていまも相変わらずボタンを留めているのか。いま使われているようなボタンは、13世紀のドイツで生まれたものだ。

私が言いたいのは、人は変化するものばかりに目を向けがちだが、ほとんどのものは変わっていないということだ。私たちはどうしても、インターネットという新しいテクノロジーに注目してしまう。いまもキーボードを数回叩いただけで、ウィキペディアがボタンの起源を教えてくれた。しかし、変わっていないものにも注意を払う必要がある。「変わらないもの」のマネジメントをせずに、「変わるもの」ばかりマネジメントしていたら大混乱に陥る。

07 意思決定とは「考えること」ではない

私たちは、どのように意思決定をしているのだろう。

そんなことは考えるまでもないと、あなたは思うかもしれない。まず状況を「診断」し、次に問題の解決策を「設計」する。そして、どの解決策を選ぶかを「決定」し、それを「実行」する。要するに、思考のあとで行動するというわけだ。「考えることから出発する」アプローチと言えるだろう。

では、人生でおそらく一番重要な意思決定、つまり結婚について考えてみよう。結婚相手を探す場合も、あなたはまず考えることから始めるのだろうか。だとすれば、結婚相手に望む資質を列挙することが出発点になる。男性なら、たとえば聡明で美人でおとなしい女性、といった具合だ。次に、候補者全員をリストアップして分析の段階に進む。望ましい資質のリストに照らして、一人ひとりを採点するのだ。最後に、その結果に基づいて幸運な「優勝者」にプロポーズする。

しかし、そうやって選んだ女性に、「あなたがそんなことをしている間に、とっくに結婚して子どもも2人生まれた」と言われないとも限らない。「考えることから出発する」アプローチには、落とし穴もあるのだ。

実際には、これとは別のアプローチを採用する人が多い。私の父はある日、母親（つまり私の祖母）にこう言った。「今日、結婚したいと思う女性と出会ったよ！」。このとき、父が分析などほとんどしていなかったことは間違いない。それでも、それが好ましい結果につながった。幸せな結婚生活が長く続いたのだ。

いわゆる「ひと目惚れ」だ。これは、「見ることから出発する」アプローチと言えるだろう。この方法で重要な決定が下されることがいかに多いかを知ったら、あなたは驚くのではないだろうか。面接が始まって最初の数秒で採用を決めたり、雰囲気がよいという理由で建物の購入を決めたりすることは、それほど稀なことではない。それは、ただの気まぐれとも言い切れない。瞬時に本質を見抜いている可能性もあるからだ。

ここまで迅速なものではないが、意思決定のアプローチはほかにもある。それは「実行することから出発する」アプローチだ。たいてい、このほうが理にかなっている。結婚相手を決める際にこの方法がどのくらい有効かは、読者の想像にお任せする。しかし、大きなことにせよ小さなことにせよ、判断に迷う場合は、まずやってみる以外にない。実行するために決めるのではなく、決めるために実行するのだ。とりあえず少しだけやってみて、うまくいくか様子を見る。うまくいかなければ別の方法を試す。それを繰り返し、有効な方法が見つかれば、それをもっと大々的に実行する。ひとことで言えば、小さく始めて大きく学ぶアプローチだ。

ただし、このアプローチも万能ではない。意思決定について研究しているテリー・コノリーが言うように、「核戦争と子どもを産むことに関する意思決定には、『試してみて様子を見る』戦略は向いていない[注11]」。しかし、このアプローチが打ってつけの局面も非常に多い。新製品を売り出すときがその典型で、とりあえず色をブルーにして、失敗したら別の色を次々と試してみればいい。

いまあなたが重要な意思決定を迫られているなら、現時点で頭に浮かんでいることはとりあえず脇に置き、周囲をよく見て何か実行してみよう。そうすると、全然別の考えが浮かぶかもしれない[注12]。

08 戦略は庭の雑草のように育てよ

戦略を立案する必要がある？　そんなあなたのために、戦略に関する巷の書籍や記事でよく見かけるスタイルを真似て、方法論をまとめてみた。

温室型の戦略形成

1　主たる戦略家は一人だけ。それはその会社のＣＥＯだ。言ってみれば、ＣＥＯがすべての戦略の種《たね》を植える。そして、ほかのマネジャーたちがそれに肥料をやったり、コンサルタントがＣＥＯにアドバイスしたりする（ときにはコンサルタントが戦略そのものを伝授する場合もあるが、それは言わぬが花だ）。

2　計画立案者たちがデータを分析し、ＣＥＯがその分析をもとに、コントロールの行き届いた思考プロセスに沿って戦略を形成する。これは、農家が温室でトマトを栽培するのに似ている。

3 戦略はきれいに整った完成形で生まれて、正式に発表される。完熟したトマトを収穫し、市場に出荷するようなものだ。

4 次は、その明確な戦略を実行に移す段階だ。予算を組んだり、必要な仕組み——言ってみれば戦略の「温室」だ——をつくったりする（もし戦略がうまくいかなければ、戦略の実行段階に問題があったものとみなされる。つまり、賢明なCEOの素晴らしい戦略を的確に実行できない無能な社員たちが悪い、というわけだ。もっとも、この「能無し」たちが賢ければ、こう問い返すかもしれない。「あなたがそんなに賢いのなら、どうして能無しでも実行できる戦略をつくれなかったのですか」。戦略実行の失敗は、すべて戦略形成の失敗でもあるのだ）。

5 以上をまとめると、適切な戦略形成とは、戦略の種を慎重に植え、スケジュールどおりに育つのを見守ること、と言える。そうすれば、その作物には注文が殺到するはず、というわけだ。

では、この方法論に基づいて戦略形成に乗り出そう……いや、ちょっと待ってほしい。

その前に、もう一つのアプローチを見ておこう。

雑草型の戦略形成

1 戦略は、庭の雑草のように育つ。温室のトマトのように手をかけて栽培するものではない。それは、意識的に形づくるというより、自然に形成されていく。いくつもの決定と行動が積み重なり織り合わさって、一つのパターンが生まれるのだ。言い換えれば、戦略は、学習のプロセスを通じてしだいに姿を現す。もし「温室」が必要なら、あとで整えればいい。

2 戦略という雑草は、さまざまな場所に根を張る可能性がある。人々に学習する能力があり、学習を支援する体制が整っていれば、どこからでも戦略は生まれる。機会さえあれば、誰もが新しいアイデアを考えつき、それが戦略に発展していく。エンジニアが顧客と接する中で新製品を考案するケースもあるだろう。議論や計画を抜きに、いきなり製品をつくることもありうる。このとき、新しい戦略の種がまかれたと言えるかもしれない。

このような戦略形成がおこなわれる場合、会社はどこで新しい戦略が芽生えるか、ましてやどのような戦略が育つかをコントロールできない。だから、成功する戦略家は肥えた土地に庭をつくるよう心がける。その土地にあらゆるタイプのアイデアが根づき、その中で特に優れたものが育っていくのを見守るのだ。

3 アイデアが組織全体に浸透すれば、それは戦略になる。新しい製品をつくった同僚を見て、ほかのエンジニアも同様の行動を取りはじめる。やがて、その発想が営業部門にも広がっていく。こうして、この会社に新しい戦略が生まれる。新しい行動パターンが形成されるのだ。それは、最高幹部たちが予想もしなかったものかもしれない。雑草が生い茂って庭を埋め尽くすと、もともと植えられていた草花が場違いに見えはじめる。想定外に生い茂った雑草は、本当に邪魔者なのだろうか。視点を変えると、計画せずに創発的に形成された戦略が有効だとわかる場合もある。アメリカで忌み嫌われている雑草のタンポポの葉を、ヨーロッパ人がサラダとして喜んで食べているようなケースがあってもおかしくない。

4 新しい戦略が価値あるものと認識されれば、それを組織内に浸透させていくプロセスはマネジメントできる。好ましい植物を選んで繁殖させるのと同じだ。これ以降、創発的に形成された戦略が意図的な戦略に変わる。既存の戦略を活用すべきときと、新しい戦略に転換すべきときを見極めるのが、マネジャーの大切な役割になる。

マネジャーに求められるのは、戦略を計画的に立案したり採用したりすることではなく、新しい戦略が出現しつつあるときにそれを見落とさず、必要に応じて介入することだ。生えてきた雑草が有害なら、見つけ次第、すぐに引き抜かなくてはならない。しかし、素晴らしい果実をつける可能性があるなら、見守る価値があるかもしれない。実をつけるかつけないか、枯れるまで見て見ぬふりをすべきケースもあるだろう。実がなるとわかった戦略は、温室の中に入れてやればいい。

さあ、以上が戦略形成について知っておくべきことのすべてだ。大事なのは、戦略を立てようとする意識を捨て、計画するのではなく学習すること(注13)だ。

第2章

組織の話

あるコンサルタントへの質問――

「あなたはクライアントがもっと組織立った企業になる
手助けをしているのですね？」

そのコンサルタントの返答――

「いいえ。もっと無秩序になる手伝いをしているのです」

09 — 生きた牛のような組織

牛肉の部位がマネジメントとなんの関係があるんだ！　そう思った人もいるかもしれないが、ちゃんと関係がある。

左は、ある大手ソフトウェア企業が数年前に広告で用いたイラストだ。ここに描かれているものは一頭の牛とは呼べない。これは、言ってみれば牛の「組織図」だ。牛を構成する部位の寄せ集めでしかない。牛が元気に生きていれば、それぞれの部位はみずからが牛の一つの部位であることを意識しない。一つひとつの部位が役割を果たし、その結果、おのずと一頭の牛として全体の調和が取れる。あなたは、自分の会社を「部位の寄せ集め」にしたいのか。それとも、生きた牛のようにしたいのか。

これは大真面目な問いだ。じっくり考えてほしい。牛は、部位の寄せ集めとしてではなく、すべてが一体を成した存在として生きることに、なんの苦労もしていない。その点は、私たち人間も同じだ。少なくとも生理学的には、そう言って差し支えない。

なぜ、社会的にはそれができないのか。どうして、ほかの人たちと一緒に仕事をすると

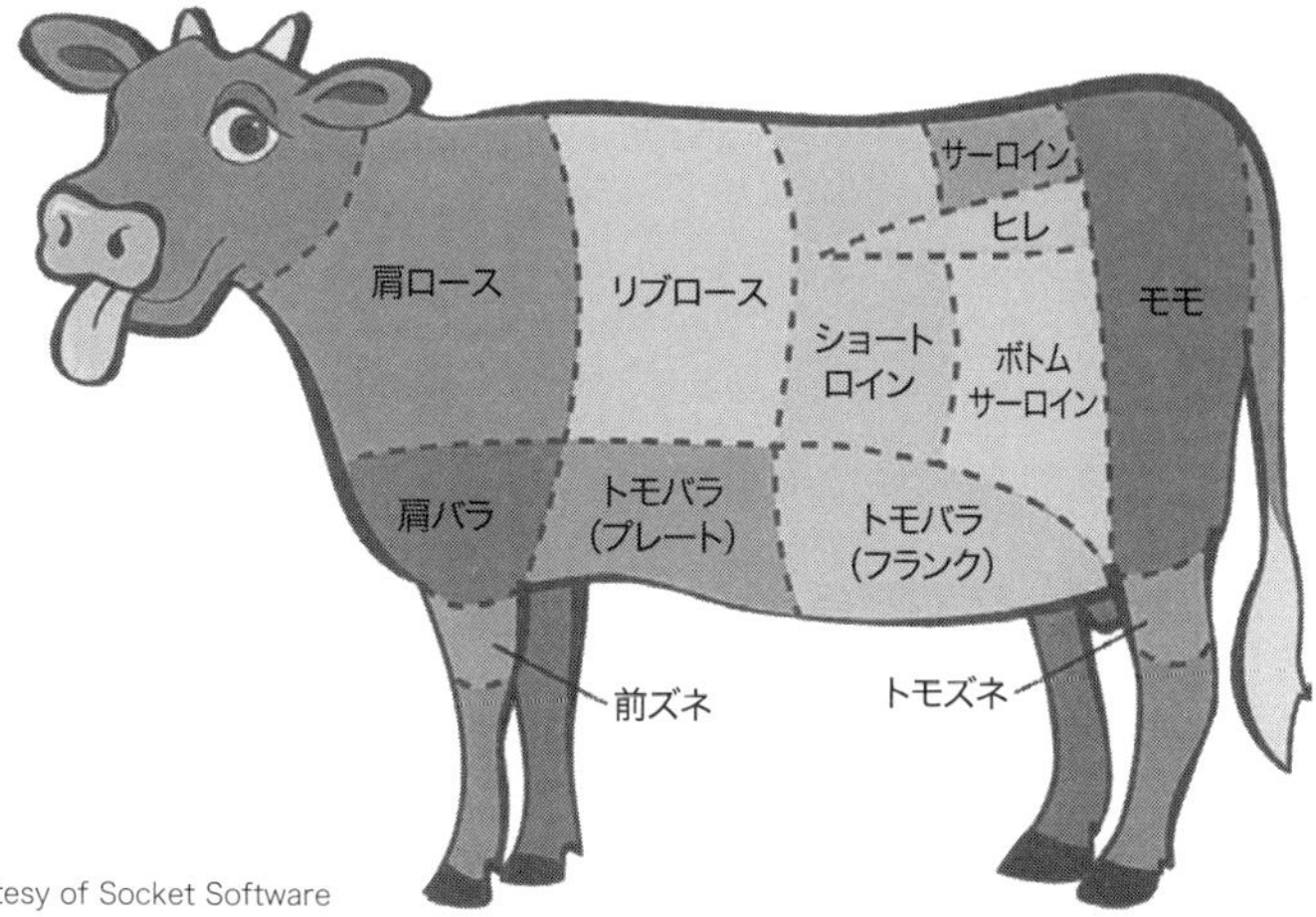

Courtesy of Socket Software

き、一体になって行動することが難しいのか。私たちは、どのように組織を築くべきなのか理解できていない恐れがある。組織図にこだわりすぎる姿勢もその一つの表れなのかもしれない。

私は現役マネジャー向けの研修プログラム「ＩＭＰＭ」（国際マネジメント実務修士課程）で、この牛の話をする。

ある年、インドのバンガロールでプログラムを開催したときのこと。参加したマネジャーたちは、交通量の多い道路を横切ったとき、これとは別の牛のストーリーを経験した。マギル大学（カナダ）の同僚であるドラ・クープが、そのときのことを話してくれた。

「最初の日に、インドで道を渡るときは牛のように歩けと言われました。みんながくっついて一緒に歩くこと、そして不規則な行動を取らないことが大事だと教えられたんです。言われたとおりにゆっくり渡ると、車がよけてくれた。プログラムの期間中、私たちは牛のように歩くというたとえをよく使って語り合ったものです」

大勢の人が一体となり、ゆっくり足並みをそろえて、混沌とした状況の中を前進していく――これと同じことが組織でもできればいいのではないだろうか。

生きた牛のような組織をつくるためのヒントは、牛のように歩くことの中にある。みんなが一体になって仕事をし、一体になって歩くことが重要なのだ。マネジメント論ではリーダーシップが神聖視されるが、それよりも重要なのは、言うなれば「コミュニティシップ」だ。これは、リーダーシップが過大評価されている状況を正すために私が考案した言葉である。(注14)

10 リーダーシップよりコミュニティシップ

組織とリーダーシップは、切っても切れない関係にあるとみなされている。どの組織にも組織図が用意されていることが、その証拠だ。組織図を見れば、誰が誰のリーダーかが一目でわかる。しかし、誰が誰と一緒に、何をどのように実行するのかは見えてこない。私たちは、誰が正式な権限をもっているかにこだわりすぎていないだろうか。

次ページの図を見てほしい。上はある会社の組織図、下はその会社の組織改編後の組織図である。

2つの組織図の違いがわかるだろうか。四角の中に記される人間の名前は変わったかもしれないが、組織図自体は同じだ。つまり組織の構造は変わっていない。組織では、誰がどの四角に入るか、その四角の中のボスは誰か、だけを決めればいいと考えられている。

企業はなぜ組織改編が好きなのか。それは、とてもお手軽だからだ。なにしろ、紙の上で人を動かすだけで状況が一変する建前になっている。しかし、実際に変わるのは、紙の上のことだけだ。そんなことをする代わりに、みんながオフィス内をあちこち動き回り、

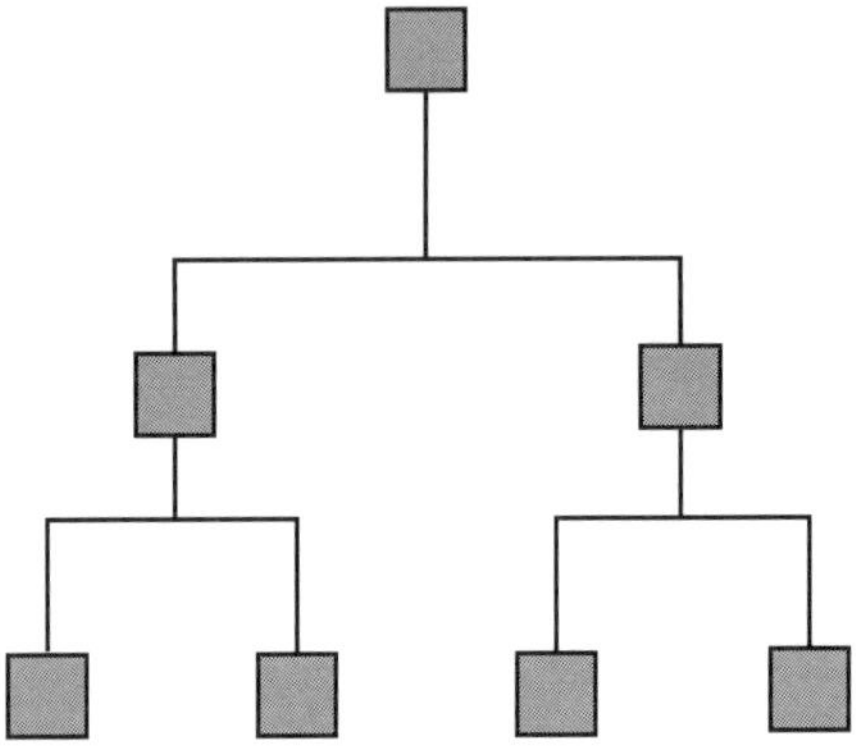

ある会社の組織図

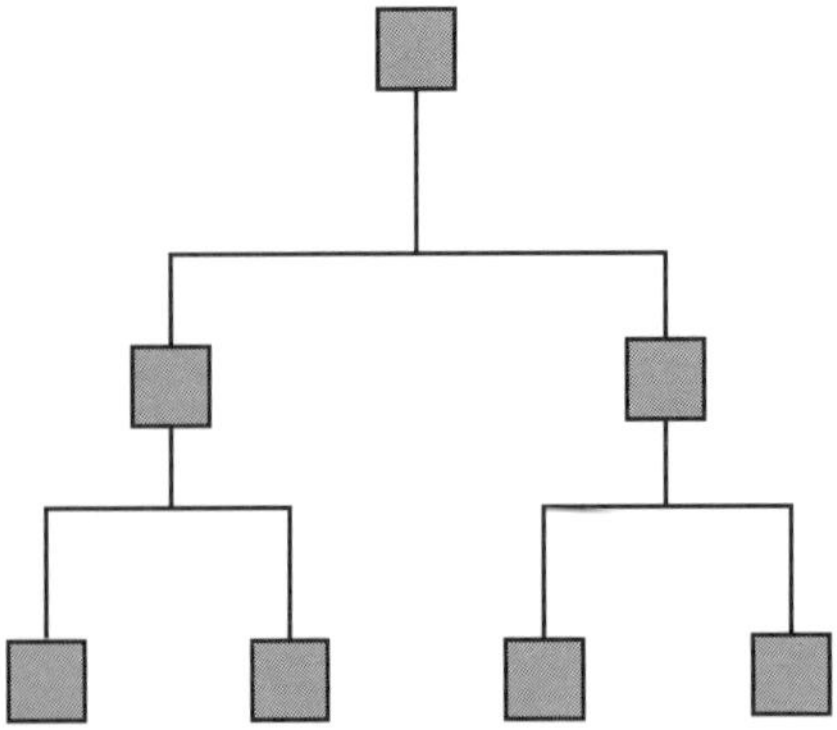

改編後の組織図

社内に新しい人的ネットワークをつくることに努めたらいいと思うのだが。
「リーダーシップ」という言葉は、必然的に一人の個人に光を当てる。リーダーがメンバーへの「エンパワーメント」（権限委譲）をおこなう場合も、その点に変わりはない（そもそも、いわゆるエンパワーメントが本当に必要なのかという問題もある）。たいていは、白馬にまたがった騎士がさっそうと現れて、組織を窮地から救うというイメージだ（白馬の騎士が突き進む先は、出口がないブラックホールだったりもするのだが）。いずれにせよ、誰か一人がリーダー（導く人）になれば、それ以外の全員はフォロワー（従う人）にならざるをえない。私たちは、そんなフォロワーだらけの世界を本当に望ましいと思っているのだろうか。

あなたが素晴らしいと思う組織を思い浮かべてほしい。おそらく、その組織には、リーダーシップ以上に、強力なコミュニティシップの精神が浸透していることだろう。組織としてうまく機能するのは、生身の人間のコミュニティであって、「人的資源」の寄せ集めではない。

ある組織にコミュニティシップが存在するかは、どうすればわかるのか。見分けるのは簡単だ。そのような組織では、職場にエネルギーが満ちあふれていて、人々が献身的に働き、仕事に熱中している。わざわざ正式に「エンパワーメント」する必要もない。もともと強い参加意識をいだいているからだ。組織がメンバーを大切にするので、メンバーも組織を大切にする。人々が解雇に脅えることもない。リーダーという名の誰かが最終的な数値目標を設定したりはしないからだ。

リーダーが不要なわけではない。特に、新しい組織にコミュニティシップを確立したり、既存の組織でそれを維持したりするためには、リーダーの役割が欠かせない。不要なのは、過度にリーダーシップを重んじる姿勢だ。誰か一人を選んでリーダーの座に据え、その人物を組織づくりの唯一の最重要人物と位置づけ、途方もない金額の給料を支払うようなことは、もう終わりにしたほうがよい。コミュニティシップの中に組み込まれた「必要最低限のリーダーシップ」が一番だ。

11 ネットワークとコミュニティの違い

「ネットワーク」と「コミュニティ」の違いを知りたければ、フェイスブックの「友達」に家の壁のペンキ塗りをお願いしてみればよい。ネットワークは人と人の単なるつながりにすぎないが、コミュニティは人と人が助け合う場だ。

ソーシャルメディアが登場して誰とでもつながれるようになり、私たちの人的ネットワークが目覚ましく拡大したことは間違いない。しかしその代償として、生身の人間同士の関係が損なわれた可能性がある。メールを打ったり、ツイッターに投稿したりするのに忙しすぎて、人と会ったり、物思いにふけったりする時間をほとんど取れない人も多い。人生の意味を見いだすための重要な手段の一つは、自分が働き、生活しているコミュニティで、ほかの人と直接顔を合わせることなのだが……。

カナダの文明批評家マーシャル・マクルーハンが用いた「グローバルビレッジ」（地球村）という言葉はよく知られている。新しい情報テクノロジーによってコミュニケーションの障壁が取り払われ、いわば地球規模の一つの村が出現したというわけだ。しかし、それを本当に村と呼べるのか。昔の村では、村人が地元のマーケットでほかの村人とおしゃべりをしたものだ。そうした触れ合いがコミュニティの核を成していた。もし、誰かの納屋が火事で焼ければ、村人が片づけや建て直しの手伝いに駆けつけただろう。

しかし、今日のグローバルビレッジで最も存在感があるマーケットは、人間味のない株式市場だ。この「村」では、コンピュータや携帯端末さえあれば、自宅を一歩も出ずに、一度も会ったことのない「友達」にメッセージを送れる。空想の世界で進む「ネット恋愛」がそうであるように、相手に触れることも、触れてもらうこともできない。(注15)

ジャーナリストのトーマス・フリードマンは、2011年の「アラブの春」のときに、エジプトの首都カイロで起きた民主化デモについてエジプト人の友人が語った言葉を紹介している。「フェイスブックは、確かに人々が連絡を取り合う助けにはなったけれど、力を合わせる助けにはならなかった」。さらに、「ひどい場合は、ソーシャルメディアに没頭するあまり、行動しなくなってしまうことさえあった」という。(注16)

確かに、大規模な社会運動によって、変革の必要性について人々の意識が高まることはあるかもしれないが、それだけでは十分でない。変革への取り組みを主に突き動かすのは、あくまでも地域のコミュニティで小規模なグループがはぐくむ社会行動なのだ。

12 トップダウンで変える？それとも現場に深く関わる？

ある会社に新しいCEOがやって来た。100日以内に、株式市場に成果を見せる必要がある。手っ取り早い成果が欲しい。短期間で会社を変革しなくてはならない。

トップダウンで変える

しかし、どこから手をつければいいのか。簡単な方法が一つある。いわば、山頂から号令をかけて下界を変革するというやり方だ。この方法を採用するCEOは珍しくない。「朕は国家なり」と言い放ったのはフランスの絶対君主ルイ14世だが、最近は、「私が会社そのものだ」と言わんばかりのCEOが多い。

企業変革に関しては、ハーバード・ビジネス・スクールのジョン・コッターの著作が有名だ。ハーバード・ビジネス・スクールといえば、「採用されているケーススタディの中で、英雄的なマネジャーが一人で行動するストーリーが62％を占めている」スクールである。(注17) コッターは、次の8段階のプロセスによる企業変革モデルを提唱している。(注18)

1 危機意識を高める。
2 変革を主導する強力なチームをつくる。
3 ビジョンをつくる。
4 ビジョンを周知徹底する。
5 エンパワーメントにより、ビジョンに沿った行動を促す。
6 短期的成果を上げるための計画を立て、それを達成する。
7 成果を足がかりに、さらなる変革を推進する。
8 この変革のアプローチを定着させる。

それぞれのステップごとに、「誰がそれをやるのか」を考えてみてほしい。いずれもCEOだ。ハーバードの教えどおり、すべてがCEOに始まりCEOに終わる。それ以外の人たちはみな、CEOのビジョンにおとなしく従うことが求められる。リーダーは一人だけ、ほかはすべてフォロワー、というわけだ。

コッターの論文には、「影響力の強い人間が変革に抵抗する」なら、その人物を「排除すべき」だとまで書かれている。しかし、まっとうな理由で抵抗している可能性もあるのではないか。話し合いや議論の余地もないのか。これでは、21世紀の企業にルイ14世の宮廷が出現したかのようだ。

それぞれのステップを見てみよう。まず、「危機意識を高める」。ウォール街のオオカミたちが目を光らせているから、猛烈なスピードで成果を挙げなくてはならない？　そのため、「変革を主導する強力なチーム」をつくり、その中心に経営幹部たちがつねに陣取って、山の頂で現実に触れることなく「ビジョン」をつくる必要がある？　こんな発想だから、ビジョンと称して他社の戦略を猿まねする企業が多いのだろう。

そして、山のてっぺんから下界のフォロワーたちに向けて「ビジョンを周知徹底」させ、「エンパワーメント」する？　社員たちは仕事をするために雇われているはずなのに、CEOの許しがないと仕事ができないということらしい。

そうやって「短期の成果」を積み重ね、「さらなる変革」を実現すべきだという。このようにひたすら変化を追求したら、継続性はどこへ行ってしまうのか。変化ばかりで継続するものがなければ、混沌しか生まれない。最後に、すべてを「定着させる」ことも重要らしい。ステップ3でビジョンを固定したのだから、それが当然ということなのだろう。

現場に深く関わる

変化がそんなに好ましいのなら、変化を実現するプロセスも変化させてはどうだろう。

リーダーが「トップ」に君臨することの弊害に鑑み、ものづくりやサービス提供の現場から新しい戦略が生まれるようにしてはどうか。

イケア（IKEA）が家具を組み立てずに販売するようになった経緯は、そのわかりやすい例だ。この販売方法により、顧客が商品をマイカーで自宅に持ち帰ることで、顧客とイケアの両方がお金を大幅に節約できるようになった。その結果、イケアは――そして家具ビジネスのあり方は――根本から変わった。この変化は、一人の社員の着想から生まれた。同社のウェブサイトによれば、「フラットパック（訳注：家具を平らに小さく梱包する手法）の試みは、初期の社員の一人がテーブルの脚を取り外したことから始まりました。そうすれば車内に収まりやすく、輸送中の破損も避けられると考えたのです(注19)」。

ウェブサイトには明記されていないが、「テーブルの脚を取り外すなら、顧客にそれを組み立ててもらうのがいいのでは？」と思いついた人がいたはずだ。それは、最初にフラットパックのアイデアを思いついた社員だったのかもしれないし、その上司だったのかもしれない。もしかすると、CEO自身だった可能性もある。真剣な起業家は、現場で多くの時間を過ごすからだ。それがCEOでなかったとしても、誰かのアイデアがCEOに伝わり、お墨つきを得たことになる。

いずれにせよ、イケアの社内でオープンなコミュニケーションが実践されていたことがうかがえる。「トップ」と「ボトム」の役割が固定され、両者の隙間でアイデアが次々と行方不明になるような組織ではなかったということだ。新しい取り組みを実行できるかどうかを決めるのは、仰々しい企業変革の取り組みではなく、オープンな企業文化なのだ。トップダウンで変革を推し進めるのではなく、地べたに足をつけて現場に深く関わる、そんなボトムアップのアプローチを採用してはどうだろう。

以下に、現場からの変革を実現するための基本をいくつか紹介する。これらは、一定の順番に沿って進めるようなものではない。変化とは、そんな直線的なプロセスではない。以下は、変化を実現させるのに必要な条件を示したものと考えてほしい。

- **ビジョンの土台になるアイデアは、誰が発案したかを問われない。**テーブルの脚を取り外すこと自体は、それほど大きなアイデアとは言えないかもしれないが、それが大きなビジネスを生み出した。これは、イケアで一人の社員が思いついたアイデアだった。
- **そのようなアイデアが受け入れられるような、オープンなコミュニケーションが実践されている。**社内にトップやボトムという発想がなく、誰もが柔軟なネットワークを通じてつながり合う。人々は進歩を達成するために、反対意見も含めて、あらゆる人の言葉に耳を傾ける。

- **その結果、戦略はあらかじめ計画的に決定されるのではなく、学習を通じて形づくられていく。**最初から完全な形で戦略をつくり出す必要はない。自社とライバル企業の強みと弱みを分析することも無意味ではないが、基本的には、強い当事者意識をもつ人たちがみんなで一緒に学習し、思いがけない戦略を見いだしていく。(注20)
- **もちろん、多様な発見を一つにまとめる必要がある。それを監督するのは、主として経営層だ。そのために、経営層には、組織図の上のほうに座っているのではなく、現場の状況を把握していることが求められる。**

最後に一つだけ。変革がいっさい必要ないと言うつもりはない。たとえば、市場環境が突然変わり、会社が窮地に陥ったようなときは、変革が必要だ。しかし、なんでもかんでも変革によって問題を解決しようとする企業が多すぎる。そのような選択に走るのは、社内に断絶があるからだ。そもそも、社内の断絶が少ない企業では、解決すべき問題があまり発生しない。マネジャーや、経営を論じる専門家や大学教授は、変革を説くことには慎重であるべきだ。それよりも、もっとコミュニティシップに関心を払ったほうがよい。

13 —— 組織の分類学

哺乳類の中にもさまざまな種が存在するように、組織にもいくつもの種類がある。異なるタイプの組織はしっかり区別して考えるべきだ。同じ哺乳類でも、熊とビーバーは違う。熊は穴にこもって冬眠する動物で、ビーバーは木を切り倒して川にダムをつくる動物だ。同じように、病院と工場は違うし、映画製作会社と原子力発電所も違う(注21)。

当たり前だと思うかもしれない。しかし、私たちは異なるタイプの組織をしばしば混同する。その原因の一端は、「組織」という言葉があまりに大ざっぱなことにある。生物学者は、「哺乳類」という大ざっぱな呼称のほかに、哺乳類のさまざまな種を表現するための個別の呼称をもっている。しかし、さまざまなタイプの組織を言い表すための個別の呼称は存在しない。

2人の生物学者が話している場面を想像してほしい。話題は、「哺乳類」が冬にどこで過ごすべきかだ。「穴の中だよ」と、熊専門の生物学者が言う。「ありえない!」と、ビーバー専門の生物学者が反論する。「穴の中にいたら、肉食獣がやって来て食べられてしまう。木を切り倒してダムをつくらないと駄目だ」。熊専門の生物学者が言い返す。「ばかなことを言っているのは、きみのほうだよ！」。話がまったく噛み合わない。「哺乳類」という言葉で思い浮かべている動物が異なるからだ。マネジメントに関する議論では、このようなことがよく起きる。病院のマネジャーがコンサルタントに対して、ここは工場ではない、と異議を唱える羽目になるのも、これが原因だ。

私は昔、この問題を解決したいと考えて、*The Structuring of Organizations*（組織の構造）という本を書いた。この本は幸い好評を博したが、組織の論じられ方を変えるまでにはいたらなかった。そこで、ここで再挑戦させてほしい。以下に、組織の４つの類型を挙げよう。

「工程が定められている機械」型

よく見受けられるのは、潤滑油をたっぷり差された機械のような組織だ。このタイプの組織は「効率性」を追求する。具体的には、投入資源から最大限の成果を引き出すことを目指す。そのため、緻密な数値計測をおこない、細部にいたるまで工程を定めている。

たとえば、マクドナルドでは、調理担当がハンバーガーのパティを焼くとき、何秒で裏返すかまで決められている。こうした仕組みには、働き手をトレーニングしやすいという利点があるが、やる気を保たせるのが難しい。仕事が退屈に感じられたり、監視が厳しすぎると思えたりするからだ。この種の組織は、すでに実行できていることを安定的におこなうことには長けている。ホテルで翌朝8時にモーニングコールが欲しいと頼めば、そのとおりの時間に部屋の電話が鳴るだろう。

このような組織にイノベーションは期待できないが、それで構わない。ホテルの部屋で枕を持ち上げた瞬間に、ばね仕掛けのオモチャが飛び出してきて「びっくりした？」と言われたい人はいないだろう。しかし、広告代理店はそういう仕事を期待されている。

「専門職の寄せ集め」型

このタイプの組織も工程が決まっているが、機械型の組織とは大きな違いがある。ここで重んじられるのは、効率性よりも「熟練性」だ。病院や会計事務所、多くのエンジニアリング企業などでは、根幹を成す業務に関してきわめて高度なスキルが求められる。長い年数を費やさなければ身につけられないようなスキルだ。しかし、日々の業務はうんざりするほど同じことの繰り返しである場合が多い。それは当然のことだ。病院の手術室で、「心配はいりませんよ。この先生はとても独創的な外科医ですから」と看護師に言われたら、心おだやかではいられない。

専門職たちはチームで仕事をしているように見えるかもしれないが、実際にはおおむね自分の裁量で行動していることが多い。徹底したトレーニングを通じて、同僚がどう行動するか、すべてわかっているからだ。私の講座に参加した医師の一人は、5時間に及ぶ開胸手術の間、外科医と麻酔科医が一度も言葉を交わさなかったのを見たことがあるという。

「個人が君臨する事業」型

このタイプの組織で重んじられるのは、すべての実権を握る人物による「指揮命令」だ。アップルの創業者スティーブ・ジョブズや、マイクロファイナンスを手がけるソーシャルビジネスのグラミン銀行を創設したムハマド・ユヌスなどのケースを思い浮かべればいい。

それなりの歴史をもつ組織も、危機に陥ったときにこの形態を取ることがある。一人の人間に権力を集中させ、事態に迅速に対処させることが狙いだ。近所の青果店などの零細企業も、大半はこのタイプに分類できる。店主がすべての権限をもっている場合が多い。そのほうが手っ取り早いからだ。政治の世界に目を向ければ、独裁国家では一人の独裁者が全国民に命令を下す。

このタイプの組織では、リーダーが「ジャンプしろ！」と命じれば、たいてい「かしこまりました。どれくらい高く跳べばよいでしょうか」という返事が戻ってくる。しかし、病院の理事長が同じことを言えば、医師たちは「なぜ?」と問い返すだろう。

「革新を目指すプロジェクト」型

このタイプの組織でも、専門職型と同様、業務の専門性がきわめて高い。しかし、このタイプでは、専門職たちが力を合わせてチームとして働き、「イノベーション」を目指す。

映画製作会社や広告代理店、新製品開発に取り組むラボなどがこの類型に当てはまる。いずれもプロジェクトを軸に組織が形成されていて、映画や広告キャンペーン、新製品など、前例のない成果物をつくり出すために活動する。プロジェクト型組織の特徴は、「非効率」であることによって成果を挙げようとする点にある。遊びや無駄がないところに、イノベーションは生まれないからだ。

以上の4つのタイプの組織には、それぞれに適した組織形態とマネジメント手法がある。組織文化も違う。単に異なる文化をもっているというレベルではなく、存在そのものが異なると言ったほうが当たっている。文化の違いは明白だ。それぞれの組織を訪れれば、誰の目にもすぐに違いがわかる。

ところが、広く読まれている組織論の文献は、ほとんどが機械型の組織を論じたものだ。

しかも、往々にしてそのことを書き手が意識していない。組織論の文献は、コントロールを強化し、中央集権的に計画を立て、目に入るものをすべて数値計測し、「効率性」を高めることを推奨するものが多い。そうでない場合は、機械型の組織がもたらす弊害を緩和する方策を論じている。たとえば、ある論者は、組織には「人間集団という機械をメンテナンスするチーム」が必要だと、巧みな表現で論じている。[注22]

ここまで私は、すべての組織がいずれかの類型にきっちり分類できるかのような書き方をしてきた。実際、いずれかにぴったり当てはまるように見える組織もある。マクドナルドは機械型、ドナルド・トランプの不動産ビジネスは個人型の組織の典型だ。しかし、大量生産をおこなう機械型組織にも、製品イノベーションを担うプロジェクト型の部署が設けられていたりする。専門職型組織である病院でも、カフェテリアは機械型の性格が強いかもしれないし、手術室で想定外のことが起きれば、手術チームは独創性を発揮しなくてはならない。また、複数の類型のハイブリッド型の組織もある。製薬会社の場合、研究部門はプロジェクト型、開発部門は専門職型、製造部門は機械型と言えるだろう。

そう考えると、こんな分類をしても役に立たないのではないかと思うかもしれない。しかし、そんなことはない。正反対だ。この分類を用いることで初めて、さまざまな組織を実態に即して的確に論じることができる。

14 なぜ「ボトムマネジャー」という言葉がないのか

あなたの組織でも、「トップマネジャー」や「ミドルマネジャー」という言葉を使っているに違いない。では、なぜ「ボトムマネジャー」という言葉がないのか。組織階層の一番下に位置するマネジャーたち自身は、トップに一人のマネジャーがいて、ほかにミドルマネジャーたちもいるなら、自分たちは「ボトムマネジャー」だと思っているに違いない。トップマネジャーは存在してもボトムマネジャーが存在しないという現実が浮き彫りにしているのは、「トップ」というのが単なる比喩にすぎないということだ。しかも、ばかげた比喩でしかない。トップマネジャーは、いったい何の「上」に立っているのか。

1 なるほど、組織図の一番上にいることは確かだ（図参照）。けれども、壁に張ってある組織図をはがしてデスクの上に置けば、トップマネジャーもほかのマネジャーと同じ高さになる。

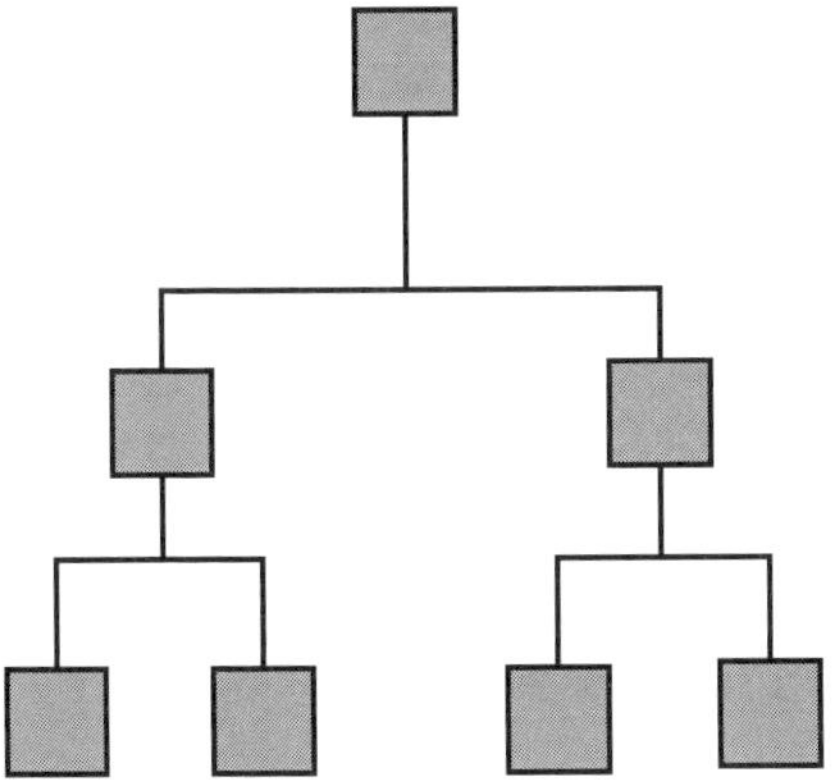

2　給料の額が一番トップなのも間違いない。でも、一般社員の数百倍ものお金を受け取ることをよしとしている人物を「リーダー」と呼べるのか。

3　トップマネジャーはたいてい、建物の一番上の場所にいる。ビルの最上層階にオフィスが設けられている場合が多い。だが、そのような場所からは、あらゆることがぼんやりとは目に入るけれど、何もはっきりとは見えない。ついでに言えば、コロラド州デンバーの企業で働くボトムマネジャーたちは、ニューヨークのトップマネジャー中のトップマネジャーと比べても、標高で軽く1000メートル以上高い場所にいる。

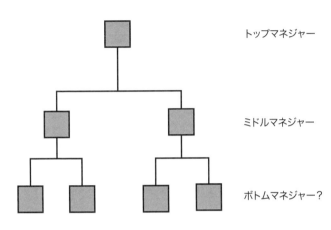

では、トップマネジャーは組織で起きていることを把握できているのか。できていないと言わざるをえない。上に立ちさえすれば、組織の状況をすべて把握できるわけではないのだ。「トップ」という言葉には、空の上の存在で、地べたにいる人たちとは隔絶しているイメージがある。

そこで、「トップマネジャー」を廃止して（その人物を追放しろというのではなく、呼び名を廃止しろという意味だ）、図のように「セントラルマネジャー」という考え方を採用してはどうだろう。

このモデルで組織の外縁に位置しているのは、外の世界と接し、顧客や製品やサービスと最も緊密に関わるマネジャーたちだ。これを「オペレーティングマネジャー」と呼ぶことにしよう。オペレーティングマネジャーとセントラルマネジャーの間に位置するのは、「コネクティングマネジャー」だ。この人たちは、セントラルマネジャーからの情報をオペレーティングマネジャーに伝達し、オペレーティングマネジャーからの情報をセントラルマネジャーに伝達する。

このように外縁から中心へとアイデアを伝えるやり方は、ピラミッド型組織で下から上へアイデアを伝えるよりはるかに円滑だ。組織の底辺から頂点までアイデアを運び上げる

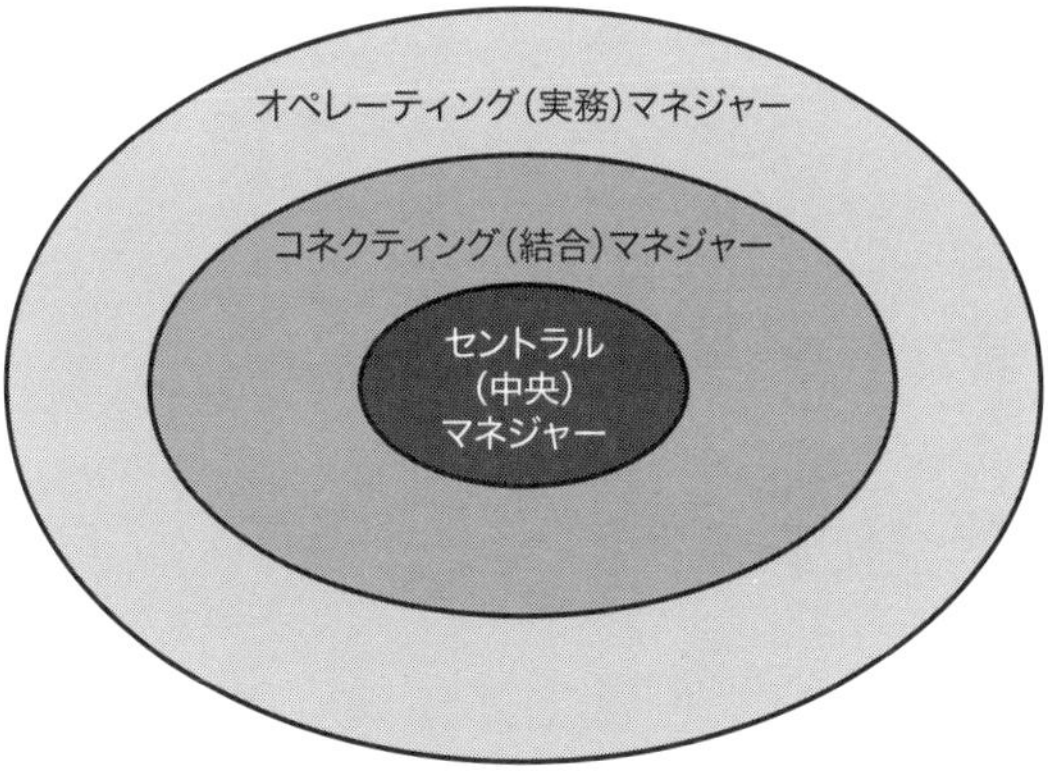

マネジメントの円

のは、ギリシャ神話で巨大な石を山頂に押し上げる刑罰を科されたシシュフォスの苦行のように難しい。

コネクティングマネジャーと、ピラミッド型組織のミドルマネジャーの違いは大きい。ミドルマネジャーは、経営合理化の際に真っ先に「整理」すべきお荷物とみなされがちだが、コネクティングマネジャーは、好ましい変化を起こすうえでカギを握る存在と位置づけられる。優秀なコネクティングマネジャーなら、事業の全体像がよく見通せて、しかも現場にも密着しているので、組織の「全体像」を描き上げるのに貢献できる。

ただし、このモデルにも問題はある。一人の人間を組織の中心に据えれば、中央集権化が進み、その個人を中心にすべてが回りはじ

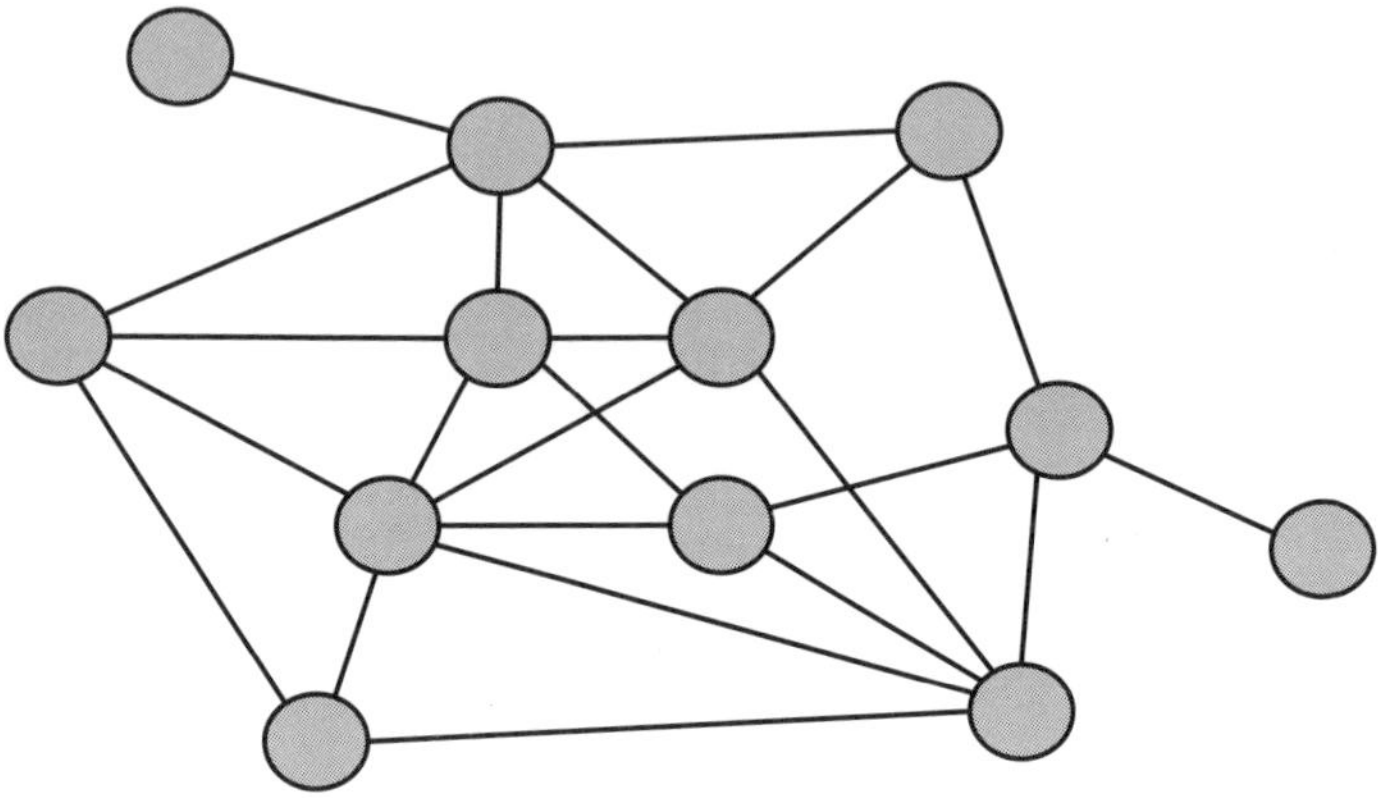

クモの巣のような組織

めかねない。個人型の組織ならそれでも問題ないかもしれないが、プロジェクト型の組織の場合はそうはいかない。では、組織をネットワーク、言い換えればクモの巣のようなものと考えてはどうだろう。あらゆるメンバーが互いにコミュニケーションを取り合うイメージだ。

このようなクモの巣の中で、マネジャーはどこに位置するのか。答えは簡単だ。いたるところに位置するのだ。上層階の執務室を飛び出して、組織の活動がおこなわれている現場に身を置く。そうすれば、ネットワーク型組織はコミュニティとして機能しはじめる。

最後にもう一点。もしあなたの組織で有意義な合理化を実行したければ、「トップマネジメント」という鼻持ちならない言葉を「リストラ」することから始めるべきだ。この言葉を使うのをやめるべし。そうすれば、上と下だけを見るのではなく、周囲をすべて見渡して、それぞれの仕事を最適任の人物に任せられるだろう。

15 「縦割り」には問題が多い。では「横割り」は？

縦割り型組織の弊害はよく指摘される。各部門がサイロ（窓がない円筒形の穀物倉庫）のようになっていて、製造部門と営業部門、医師と看護師など、異なる部門の人たちが分断されている状況には、確かに問題がある。こうした「サイロ」の問題点については、あなたもうんざりするくらい聞かされてきたことだろう。

では、横割り型組織の弊害について聞いたことはあるだろうか。組織内に堅牢なスラブ（厚板）が横たわっていて、異なる階層間での情報のやり取りが阻害されているケースがしばしばある。(注23) これは、誰もが身近な場所で経験している問題だろう。「スラブ」という言葉でそれを表現していないだけだ。チェコのある企業では、オフィスの最上階に陣取る7人の最高幹部たちの集団が、社内のほかの人たちから隔絶されて、「奥の院」のようにみなされていた。また、女性たちにとっては、高い階層に出世することを阻む「ガラスの天井」が昔から存在していた。

以前、ある銀行の上級幹部たちを対象とするワークショップで、サイロとスラブを話題

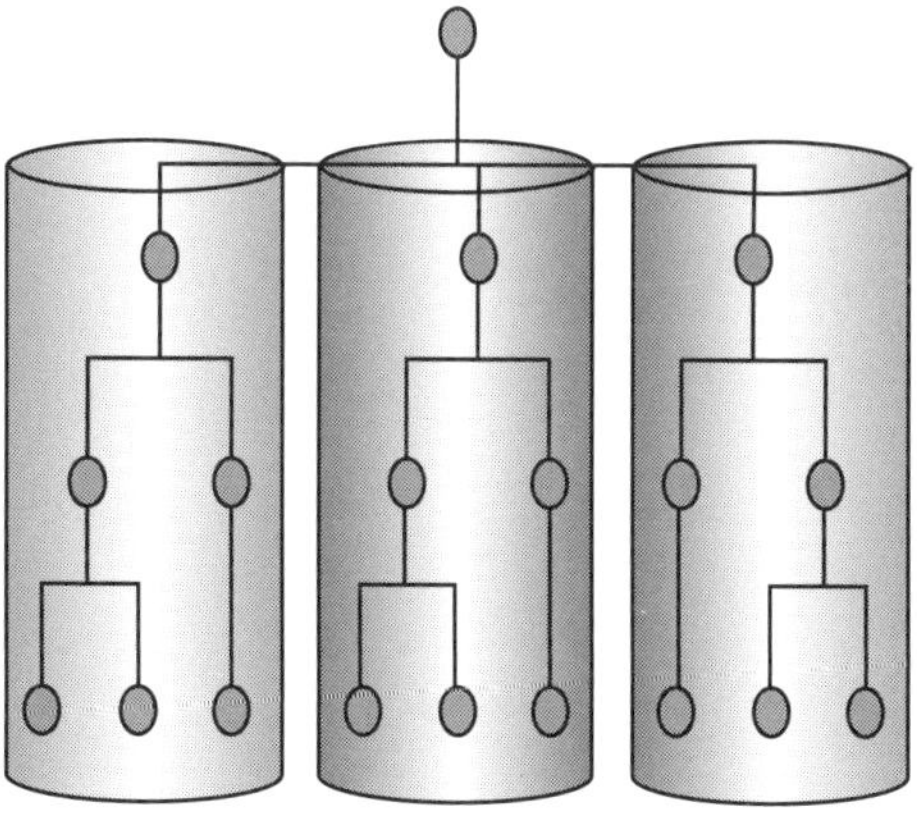

組織のサイロ

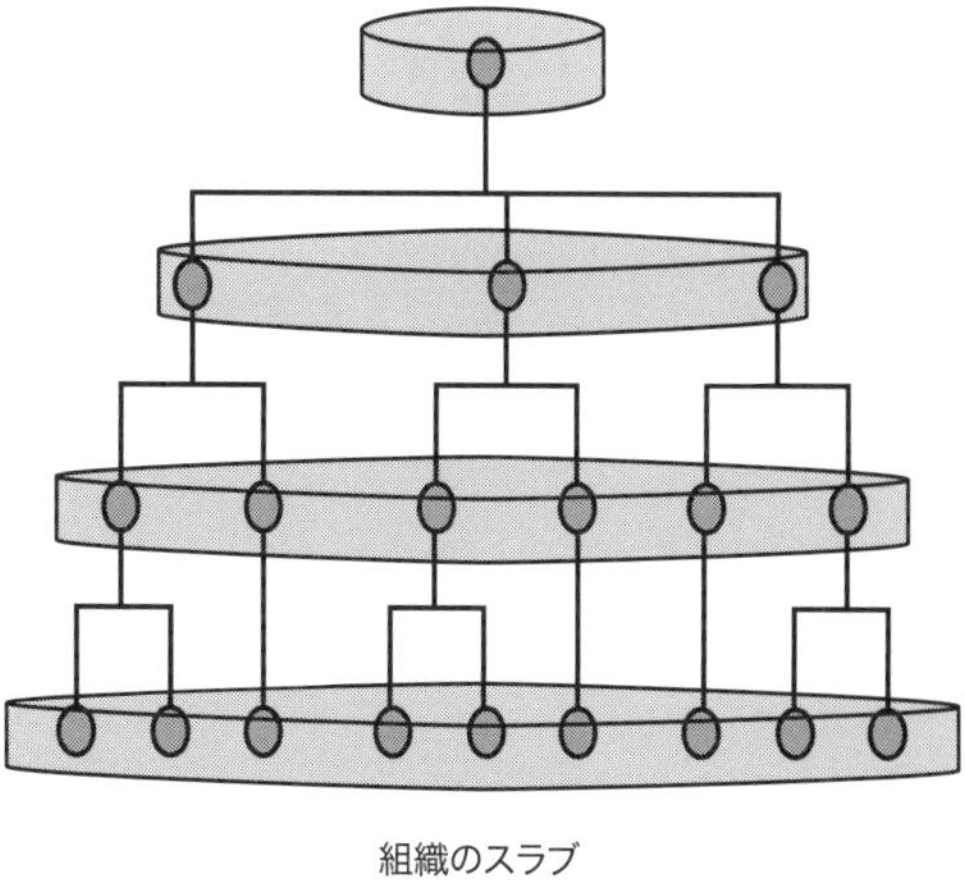

組織のスラブ

にしたことがある。参加者たちが、スラブよりサイロが問題だと言うので、私はこう言った。「自分より1つか2つ下のスラブにいる人たちの意見も聞くべきなのでは?」

業務ごとの専門性を高めるためには、サイロが必要な面もあるのかもしれない。しかし、部署と部署の間に、互いに行き来できないような分厚い壁をつくる必要はない。言い換えれば、「継ぎ目のない」組織を目指す必要はない。「よい継ぎ目」のある組織になればいいのだ。

同じことは、組織階層を隔てるスラブにも言える。最高経営責任者(CEO)と最高執行責任者(COO)、最高財務責任者(CFO)、最高法務責任者(CLO)がみんな一緒に、同じ高い階層にいる必要が本当にあるのだろうか。

ビジネススクールなどがおこなうマネジャー育成プログラムには、異なる階層のマネジャーを同じ教室で学ばせないという鉄則がある。CEOはCEOだけ集めた教室で学ばせ、ミドルマネジャーはミドルマネジャーだけ、現場マネジャーは現場マネジャーだけで受講させるのが普通だ。なぜ、そんな必要があるのか。地位の高い人間のステータスを尊重するためなのだろうか。

CEOやCOOなどの最高幹部たちは、ただでさえ自分と同等の地位の人と接する時間が多すぎる。最高幹部たちに必要なのは、ほかの階層のマネジャーたちが何を考えているかを知ることだ。異なる階層の人たちと少し混ざり合ってみてはどうだろう。ほかの企業で自分より下の階層に位置している人たちの言葉に耳を傾ければ、自分の部下からは聞けないようなことが聞けるはずだ。

あるいは、「奥の院」を出て、自分と異なる視点をもっている人たちの隣にデスクを置いて仕事をしてもいいだろう。日本のパーソナルケア用品大手、花王は、社内の会議をオープンな場でおこなっており、通りがかった社員は誰でも飛び入りで参加できる。たとえば、工場の現場責任者が幹部会議で発言したり、幹部が工場の会議に顔を出したりしてもよい。ブラジルの複合企業セムコでは、取締役会の席を2つ空けておき、誰でも参加できるようにしている。

組織階層を隔てるスラブは、想像力の欠如が生み出したものにすぎない。そのことに気づけば、スラブを打ち壊すのは簡単だ。

16 そもそも不可能なマネジメント

あなたがあるグローバル企業で、インドにおけるチーズ事業を統括することになったとしよう。あるいは、カナダのケベック州の医療保険制度の下で、モントリオールの総合病院を運営することになったとする。とりあえず、わかりにくい点はなさそうだ。

では、インドで大量のチーズを売り上げたことを評価されて、アジア地域のチーズ事業を統括してほしいと言われたら？　病院と離れた場所にある診療所のマネジメントも任されて、両方の施設を頻繁に行き来したり、どこか別の場所にあるオフィスから両方にメールで指示を出して運営することを求められたら？

実際、ケベック州のある地域では、この何倍も上を行くことがおこなわれた。一人のマネジャーに9つの施設（病院、診療所、リハビリセンター、緩和ケア病棟など）を統括させようとしたのだ。それぞれの施設にマネジャーを置くのではなく、一人がすべてのマネジメントを担うことになった。これによりコストは節約できたが、大きな混乱が生じた。

マネジャーが不自然な職務を課される場合

マネジャーに与えられる職務は、自然なものの場合もあれば、不自然なものの場合もある。インドのチーズ事業を統括するというのは自然だが、アジアのチーズ事業全体を統括するのは自然と言えるのか。一つの医療施設をマネジメントするのは自然だが、地理的に離れた場所にある2つの、ましてや9つの施設をマネジメントするのは自然なのか。

マネジャーが不可能な職務を担わされる状況が、どうして許されているのだろう。昔、産業界でコングロマリット（複合企業）が隆盛を極めたことがあった。マネジメントのことがわかっていれば、あらゆるビジネスをひとまとめにしてマネジメントできると考えられていたのだ。映画製作会社と原子力発電所とネイルサロンをすべてマネジメントすることは可能だ、という発想である。幸い、そのような時代は終わったかに思えたが、代わりに社内のコングロマリット化が始まった。マネジャーが一つの事業の中で、雑多な活動を担うことが珍しくなくなったのである。

そんなことが起きるのは、実際に組織をマネジメントすることより、組織図をつくることのほうがはるかに簡単だからだ。これを実行すれば、コストもはるかに節約できる。具体的には、「組織づくりの達人」がどこか中央のオフィスにどっかり腰をおろし、①いくつかのビジネスを束ねたまとまりを複数つくり、②それぞれのまとまりを枠で囲み、③それぞれの枠に名前をつけ（たとえば「アジア・チーズ事業」「ケベック医療施設運営」など）、④すべての枠を線で結び、それぞれにボスの名前を書き込んで、⑤きれいな組織図が完成したら、それを関係者すべてに（それを押しつけられる人すべてに、と言うべきかもしれないが）メールで送る。これ以上に簡単なことはないだろう。しかし、実はこれほどやっかいな結果を招くものはない。

「アジア」をひとくくりにする愚

インド人はチーズをたくさん食べる。けれども、日本人はそれほど食べない。このインドと日本の両方を含む「アジア」とは、いったいどんな性格の大陸なのか。日本とインドを一緒くたにした「大陸」に意味があるとは思えない。私が知る限り、この2つの国ほど異なる国の取り合わせはほかにない。

世界地図を見てほしい。ほとんどの大陸は、まわりを海で囲まれていて、少なくとも地理的にある程度のまとまりがあるように見える。アフリカ大陸、北米大陸、南米大陸、そして特に南極大陸はそう言える。オーストラリアも同様だ。しかし、アジアはどうか。アジアの西には海がない。あるのはヨーロッパだ。

ヨーロッパの東にも海はない。最初に世界の大陸を区分したヨーロッパ人は、自分たちの土地にも名前をつける必要があった。地図で見る限り、ヨーロッパとアジアは一つの大陸とみなすのが妥当に思えるが、彼らはアジアの国々と一緒に「ユーラシア」の一員になるのは気に入らなかった。そこで、海はないがヨーロッパとアジアの間に境界線を引いた。ロシアの中に線を引き、そこから西はヨーロッパ、東はアジアと決めたのだ。完全に恣意的な境界線を引くわけにはいかないので、山脈を境界線にした（もっとも、その基準を採用するなら、チリは南米のほかの国々とは別の一つの大陸ということになるが）。

こんな調子で地図を作成していたような人たちが、いまは企業などの組織図を作成しているのである。

最も危険なマネジャーは誰か

話を元に戻そう。あなたは、ある企業でアジアにおけるチーズ事業をマネジメントすることになった。問題は、アジアの一部の国ではチーズをたくさん食べるのに対し、別の一部の国ではあまり食べないことだ。あなたは、どうすればマネジャーとしての仕事ができるのか。特に、あなたの後任者がインドのチーズ事業（アジアにおけるチーズの売り上げの大半を占めている）を文句なしにマネジメントできている場合、どうすればよいのか。

賢い人なら、マネジメントしようなどとは思わないかもしれない。だが、それでは出世できない。キムチや、プーティン（訳注：カナダ東部のフライドポテト料理）や、ハリッサ（訳注：唐辛子を元につくられるアフリカ北部の調味料）をまとめて扱う、アジアの食品事業を統括する役職への昇進の道が断たれてしまう。そうならないためには、アジアでのチーズ事業をマネジメントする以外にない。

しかし、ここで問題が生じる。ぜひ覚えておいてほしいのだが、やることがないマネジャーほど危険なマネジャーはいない。マネジャーとは、そもそも精力的な人たちだ。そうでなければ、マネジャーにはなれない。そんな人物にマネジメント不可能な職務を与えると、その人は自分にできる仕事をひねり出す。たとえば、インド、日本、モンゴル、パプアニューギニアのチーズ責任者を集めて合宿研修をおこない、シナジー効果の生み出し方を話し合ったりする（シナジーと言えば聞こえはいいが、消費者が望んでいないものを買わせるために互いに助け合おうというわけだ）。

そうでもしなければ、シンガポールのアジア大陸（といっても独立した一つの「大陸」ではないのだが）本部におとなしく座っているのはあまりに退屈だ。そこで、エネルギッシュなマネジャーは飛行機でどこかへ出かけていく。ご心配なく。部下に細かいことまで指図するマイクロマネジメントをしようというのではない。それが最近の流行りでないことは知っている。視察するだけだ。

「私があなたのボスです。アジアのチーズ事業を統括しています」と、あなたは日本のチーズ事業を担当するマネジャーを見下ろすようにして言う。「おしゃべりをしに来たと思っているかもしれませんが、今日はいくつか素朴な質問をさせてください。なぜ、日本ではチーズがインドほど売れないのですか。顧客を創造することが企業の役割ですよね？ロンドンではインドのチャツネを使った料理が食べられています。日本でも韓国のキムチが食べられているそうですね。ではどうして、銀座のレストランでゴルゴンゾーラ・チーズがもっと食べられていないのですか」

「組織図思考」を脱却せよ

すべての部門が一カ所に集まっている一つの病院は、自然な組織と呼べる。インドという一つの国でチーズを売ることも、自然な活動と見ていいだろう。しかし、現場にいない誰かが描いた組織図がそうなっているというだけの理由で、マネジャーがもっと多くのものを一人でマネジメントできて当然だと考えるのは、自然な発想とはとうてい言えない。組織図主導の発想は、やめたほうがよさそうだ。

17 取締役会はミツバチのようなもの？

近年、企業の「ガバナンス」を強化することの重要性が叫ばれる中で、取締役会への注目が高まっている。しかし、それは取締役会を過大評価しているのかもしれない。取締役会の活動は形骸化していて、たいてい実質的な意味が乏しいからだ。

取締役会には、ガバナンス上の役割だけでなく建設的な役割もある。経営陣に助言したり、新しいアイデアについて意見や感想を述べたり、資金調達を助けたりといったことだ。取締役会に大物が名を連ねていれば、組織の名声が高まるし、権力中枢とのコネも築けるだろう。しかし、こうした役割も実際には限定的なものにとどまっている。

取締役会の役割とは

取締役会がガバナンスに関して担っている役割は、以下の3つの活動を通じて経営陣を監視することだ。一つは、最高責任者を任命すること（ここでは、非営利組織も含めて論じるために、ＣＥＯではなく「最高責任者」という言葉を使うことにする）。もう一つは、任命した最高責任者の仕事ぶりを評価すること。そしてもう一つは、必要とあらばその人物を更迭することだ。最高責任者が職務遂行不能になった場合に、取締役の誰かが臨時代行を務めることもある。

以上の点以外では、取締役会が組織をコントロールすることはない。それは最高責任者の役割だ。取締役会は最高責任者を任命したら、あとは一歩うしろに下がる。強力な鉈《ナタ》を振るって実権を行使するのが最高責任者だとすれば、取締役会は裁判官のように木槌を振るい、いわば注意を喚起する存在なのだ。もちろん、最高責任者を信頼できなくなれば、取締役会は躊躇なく更迭に踏み切るべきだが、首のすげ替えはそう頻繁にはおこなえない。

たとえて言えば、取締役会は、花を摘んでいる最高責任者のまわりを飛ぶミツバチのようなものだ。ミツバチが飛んでいれば、最高責任者は刺されないように注意深く振る舞わなくてはならない。ただし、ミツバチも軽率には行動できない。ミツバチが刺せるのは一回だけだ。取締役会の場合は、最高責任者を更迭できるのは一度だけではなく、その気になれば次々と首をすげ替えることもできるが、そんなことをしたら取締役会の資質に疑問符がつく。大半の取締役は、問題の人物を任命した当事者にほかならないからだ。

現場と隔絶していることの落とし穴

取締役会は定期的に会議を開くが、そう頻繁ではないことが多い。そのため、取締役たちは、組織の現場で何が起きているかを把握できない。組織との最大の接点が最高責任者だというケースも多いだろう。そのような状況で、最高責任者を更迭すべきかどうかをどうやって判断できるのか。

取締役会による最高責任者の選考・評価・更迭をいっそう難しくしているのは、概して取締役の社会的地位が組織内のほとんどの人より高く、内部からの候補者を正当に評価するのが難しいことだ。その結果として、内部昇格より外部からの招聘が好まれる傾向が生まれる。社会的地位の高い取締役たちは、自分たちの想像が及ぶ人物に目を向けがちなのだ。しかし、そのような人物は、マネジメントの対象となる人たちに十分に関わることができない場合がある。

マネジャーの選考についてのストーリーで、「上司」に愛想よく振る舞う一方、「部下」に威張り散らす人間がいることに触れた。そのように「上にキスして、下を蹴飛ばす」ような輩は、大物と良好な関係を築くのは上手かもしれないが、普通の人たちと一緒に仕事をするのは下手くそだ。

ミツバチが害を生むとき

もちろん、取締役会の活動内容は組織の性格によって異なる。ここまで述べてきたことは、株主が大勢いる企業には当てはまるかもしれないが、少数の人たちにとって株式が保有されている企業は様子が異なる。特にオーナーが君臨している企業の場合、権力を握っているのは取締役会ではない。本当のボスが誰かは、誰もがよく知っている。

企業の取締役は、たいてい自分自身もビジネスパーソンだ。そのような人たちがNGOや病院、大学などの理事会に加わったら、どうなるだろう。「ビジネス界のやり方のほうが正しい」と思い込んでいる人物は、2つの面で深刻な悪影響を生みかねない。まず、非営利組織のやり方に干渉したがる。そして、自分と似たタイプの人物に運営を任せようとする。しかし、ビジネスパーソンが教育や医療についてもっている知識は、教師や医師がビジネスについてもっている知識と大差ない。

非営利組織は営利企業とは性格が違う。利害関係者との関係が複雑だし、成果を定量評価するのが難しい。スタッフは、従業員というよりメンバーという性格が強い場合もある。あとで詳しく述べるが、企業でおこなわれているマネジメントのやり方は、あらゆるものをマネジメントするための「唯一で最善の方法」ではないのだ。

結論をまとめておこう。取締役会は必要な存在だが、懸念材料もある。まず、取締役たちは、自分が何を知らないかをしっかり理解していなくてはならない。そして、情報を過剰に取り込むことを避けつつ、適切な情報を得るための方法を知っておく必要がある。また、取締役会のメンバーの多様性も重要だ。多様性を確保できれば、取締役会の欠点が緩和される。そして、もう一つ重要なこと。取締役会というミツバチは、最高責任者を「ひと刺し」するときは細心の注意を払う必要があるが、それにも増して、ふだんから有害な「羽音」を立てないように気をつけたほうがいい。

第3章

分析の話

恋愛と同様、科学もテクニックに走りすぎると
うまくいかない。
ピーター・L・バーガー（社会学者）

18 アナリストよ、汝自身を分析せよ

「数値で計測できないものはマネジメントできない、というのはよく知られている格言だ」――経営学者のロバート・キャプランとマイケル・ポーターはハーバード・ビジネス・レビュー誌に発表した論文の冒頭にこう記している。(注24) この格言がよく知られていることは間違いない。しかし、その内容はまったくばかげている。

これまで、文化やリーダーシップを数値で計測できた人がいるだろうか。新製品の可能性でさえ、正確に計測した人はいないだろう。格言が正しければ、文化もリーダーシップも新製品もマネジメントできないことになるが、本当にそうだろうか。キャプランとポーターは、自分たちの理論の有効性を計測したことがあるのか。数値計測を重視する人たちは、数値計測の効果や有効性を数値計測したことがあるのか。マネジメントの成果の数値計測はおこなわれているだろうか（最後の点については後に論じる）。

格言が正しければ、数値計測もマネジメントという行為もマネジメントできないことになるが、そんなことはない。これらをマネジメントすることは可能だ。ただし、この世界

で特に重要なものの多くは数値計測できない、ということを肝に銘じておく必要がある。計測できるものは計測すべきだが、数字に溺れ、数字に振り回されてはならない。ところが困ったことに、私たちはしばしばそんな状態に陥っている。

キャプランとポーターは、病院が「患者の治療に要する……総コストを推計する」ための7つのステップを示している。それは以下のとおりだ。

1　病態を選択する（可能性のある「合併症と併存疾患」も特定する）。
2　医療ケア提供のバリューチェーンを明確化し、その中の主要な活動を特定する。
3　個々の活動の作業フローを図示する。
4　作業ごとの所要時間を見積もる。
5　医療ケアに必要なリソースを供給するためのコストを見積もる。
6　それぞれのリソースのキャパシティを見積もり、キャパシティ・コスト率を算出する。
7　患者ケアの総コストを算出する。

ただし、次のことはおこなわない。

8　この7つのステップを実施するためのコストを計算に加える。

キャプランとポーターの論文では、7つのステップを実践するためのコストを考慮していないが、それがどの程度のものかを感覚的に理解することはできそうだ。彼らが論文で言及している人工膝関節置換術は、それだけで77種類もの活動が必要だという。しかも、病院は膝だけ診ているわけではない。肘や腰、脳や消化器、心臓や精神などの部門で、病院が実施する治療行為は途方もない種類に上る。おまけに、それぞれの治療法が日々進化していく。これらのすべてを数値計測しようとすれば、その分析作業を担うアナリストの数が臨床医より多くなるのは時間の問題だ。そのコストを計算に入れずに、正しい定量的な評価など可能なのか。

数値計測をおこなうためのコストは、計測に要する直接的な費用だけではない。膨大な量のデータを記録しようとすれば、医師たちは気が散って治療に集中できない。誰が、いつ、どこで、誰について、何を計測すべきかをめぐって、政治的な綱引きが続くことのコストも見過ごせない。アナリストは数値計測を客観的で整然とした作業のように考えているが、その実施方法を決める過程では生臭い戦いがあるのが普通だ。

自分以外の対象を精査するのと同じくらい厳しい目で、アナリストがみずからを精査したら、どうなるだろう。以下のような改善がたくさん実現するのではないか。

あるとき、イギリスの大手小売チェーン、マークス＆スペンサーは、在庫を売り場に移動させるプロセスの管理にコストがかかりすぎていることに気づいた。当時は、売り場の店員が商品補充の注文票に記入して別の担当者に渡すと、その人物が倉庫に行って商品を取ってくる仕組みになっていた。同社はこの手続きを廃止し、売り場の店員が自分で倉庫に行って、足りない商品を持ってくるようにした。これにより、チェーン全体で何千人もの店員を減らし、２６００万枚の注文票や書類をなくすことができた。

イギリスの数学者で哲学者のアルフレッド・ノース・ホワイトヘッドは、こう記している。「当たり前に見えるものを分析するには、きわめて型破りな発想が必要とされる」(注25)。アナリストたちは、この言葉を肝に銘じたほうがいい。

19 ― 効率的なオーケストラ!?

やる気満々の若いＭＢＡ学生が、教室で学んだことをついに実践する機会を手にした。自分がよく知らない組織について調べ、効率を高めるための提案をまとめよ、という課題を与えられたのだ。その学生が選んだ対象はオーケストラだった。学生はまず資料を読み込むと、生まれて初めてコンサートに出かけた。そして、以下の提案をまとめた。

1　4人のオーボエ奏者たちはかなり長い時間、何もしていない。したがって、オーボエ奏者の数を減らすべきである。また、プログラム全体を通して均等にオーボエの出番があるようにすることが望ましい。業務量を平準化するためだ。

2　20人のバイオリン奏者は、全員がまったく同じ楽譜を演奏している。これは無駄な重複に思える。バイオリン奏者の数も大幅に削減すべきである。

3　道具の老朽化への対処も今後の検討課題である。コンサートのプログラムによれば、第1バイオリン奏者が用いているバイオリンは数百年前のものだという。

一般的な減価償却の考え方に従えば、このバイオリンの価値はもはやゼロである。とっくの昔に、もっと新しいバイオリンに買い替えておくべきだった。

4　32分音符を演奏するために、多大な労力が払われすぎている。これは無意味なこだわりに思える。すべて16分音符にしてしまえばいい。そうすれば、実習生やスキルの低い演奏家をもっと起用できる。

5　最後に、同じパッセージが何度も繰り返されすぎているように思える。楽譜を大幅に刈り込むべきである。弦楽器で演奏したのと同じものを、ホルンでもう一度演奏しても大して意味はない。こうした重複をすべてなくせば、2時間のコンサートを20分に短縮できる。そうすれば、休憩時間も必要なくなる。(注26)

愉快な笑い話だと思っただろうか。しかし、レポートの書かれた対象がオーケストラではなく工場だったら、誰も笑えないだろう。とりわけ、その工場で働いている人にとってはまったくしゃれにならない。これは笑いごとなどではないのだ。(*)

＊このエピソードは、1950年代半ばに、これとほぼ同じ形で、ある大学教授の紀要論文、カナダ軍の機関誌、月刊誌ハーパーズで紹介されている。もとになったのは、ロンドンで出回っていた作者不詳の文書だ。その文書はもともと、イギリス財務省が発表したものだったと思われる。

20 「効率化」の落とし穴

母の愛にケチをつけるのが難しいのと同じように、効率化に反対することは難しい。物事の効率を改善すれば、同じ苦労や同じ負担で得られるものの価値を増やすことができるからだ。

「本当はノーベル賞ではない経済学賞」(「ノーベル経済学賞」はノーベル財団ではなく、スウェーデン国立銀行のエコノミストたちがエコノミストに授与するために創設した賞だ)の受賞者の一人であるハーバート・サイモンによれば、効率はきわめて有用で完全に価値中立的な概念だ。(注27) 目的が何であれ、効率を高めれば最小のコストで目的を達成できる。効率を高めることに反対できる人など、どこにいるだろう。ここに一人いる。それは私だ。(注28)

次の2つの例において、「効率的」とは具体的に何を意味するか考えてみてほしい。あなたの頭にまず浮かぶ言葉はなんだろう。

まず、効率的なレストラン。この場合、料理が提供される速さのことだと思った人が多いだろう。料理の味を思い浮かべる人はおそらく少ない。それはなぜか。

次は、効率的な住宅。最も多くの人が連想するのは、エネルギー効率だろう。でも、家を購入するとき、デザインや交通の便、近所の学校の評判ではなく、エネルギー効率を基準に家を選んだ人がいるだろうか。

私たちは、どうしてこのような発想をするのか。考えてみれば、これは当たり前の反応だ。人は「効率」という言葉を聞くと、無意識に最も数値計測しやすいものに目が向く。料理が提供される速さやエネルギー効率はその典型だ。多くの場合、効率とは「計測できる効率」のことなのである。効率という概念は、サイモンの言う「価値中立的」なものとはとうてい言えない。計測しやすいものを偏重しているからだ。この傾向は、以下の3つの問題を生む。

●コストは便益より数値計測しやすいことが多いため、効率の追求は単なる倹約の推進になってしまう場合が多い。

計測しにくい便益（ベネフィット）を犠牲にして、計測しやすいコストを減らすことばかりが追求されがちになる。多くの国の政府が医療費や教育費を削減し、その結果として医療や教育の質が低下しているのは、そのわかりやすい例だ（子どもたちが教室で何を学んでいるかを数値で示せる人は、どこにもいないだろう）。政府だけではない。

企業のＣＥＯの中にも、目先のボーナスが増えるという理由で研究予算やメンテナンス予算を削り、あとで困った状況に陥る人がいる。あらゆる手段でオーケストラの効率を高めようとする学生も、その同類だ。

● **経済的コストは社会的コストより計測しやすいため、効率の追求は経済的コストの削減に向かいやすく、それがしばしば社会的コストを増大させる。**

工場や学校の経済的効率を高めることはできたとしても、その代償として空気が汚染されたり、子どもたちの学習に悪影響が生じたりする場合が多い。経済学者たちは、このような問題を「外部性」という言葉で片づけてしまう。

● **経済的便益は社会的便益より計測しやすいため、効率の追求は経済的な正当性が偏重される状況を生み出し、それが社会的に不当な状況をもたらすことが多い。**

効率を優先させると、質の高い料理よりファストフード（あるいは本書の冒頭で紹介した機内食のスクランブルエッグ）を選びがちになるのと同じことだ。

効率重視の発想、そして効率改善の専門家には用心深く接するべきだ。効率的な教育、効率的な医療、効率的な音楽には、特に警戒したほうがよい。ときには、工場の効率を追求することにも注意が必要だ。

財務以外の指標も重視する業績評価システムである「バランス・スコアカード」も油断できない。財務以外の要素を考慮しようという意図はよいとしても、やはり計測しやすい要素を偏重する傾向があるからだ。

21 「ハードデータ」のソフトな急所

数値計測を重んじる人は「ハードデータ」を好む。しかし、ハードデータとはそもそも何を意味するのか。石がハード（硬い）なのは理解できるが、データがハードというのはどういう意味なのか。紙に染み込んだインクや、コンピュータ画面上の電子は、「硬い」とは言いがたい（そもそも後者は「ソフトコピー」と呼ばれている）。

何かにたとえるなら、データは空の雲に似ている。雲を遠くから眺めると、はっきりした輪郭があるように見えるが、近くに寄るとぼやけてしまう。雲の中に手を突っ込んでも、なんの手応えもない。データもこれと似た面がある。「ハード」というのは、現実の出来事を数値化することで生まれる幻想にすぎない。その種のデータは、遠くから見る分には、曖昧さがなく、明確で客観的に見える。

たとえば、ある社員を「サイモンさん」として認識するのではなく、心理学的指標か何かで「4・7点」と評価したり、ある企業のことを漠然と「業績好調」と評するのではなく、490億個の製品を販売したと数字を挙げて示すと、なぜかもっともらしく思える。

一方、ソフトデータは、ときに曖昧で、不明確で、主観的な場合がある。少なくとも遠くからはそう見える。解釈の仕方で意味が変わることも多い。たいてい、電子的手段でやり取りすることもできない。ゴシップや伝聞、印象論にすぎない場合もある。たとえば、製品に欠陥があるという風聞などがそうだ。

以上の点から判断すると、ハードデータとソフトデータが勝負すれば、いつもハードデータが勝ちそうに思えるかもしれない。しかし、数値データが人間の脳という曖昧な世界とぶつかると、そうとは言い切れなくなる。ハードデータには、以下のような弱点があるからだ。

ハードデータを見ても細部がわからない場合がある

ハードデータだけ集めても、まったく役に立たないとは言わないまでも、生産的とはとうてい言えない。1940年代にアメリカ人男性の性行動を調べた「キンゼイ・レポート」の調査対象になった一人の男性が、調査への不満を述べている。「こっちが何を言っても、担当者は私の目をじっと見つめて、こう言うのです。『週に何回ほどなさっているのですか?』」(注29)。大切なのは数字だけなのか。

ハードデータは、現実を記述することはできても、それを説明することはできない場合がある。たとえば、ある製品の売り上げが伸びているとしよう。それはなぜなのか。市場の規模が拡大しているから？　それなら、それを実証するデータは手に入るだろう。主要なライバル企業がドジを踏んだから？　この場合、データは存在せず、根拠はゴシップの域を出ない。自社の経営陣が有能だったから？　幹部たちはこの説を好むだろうが、主観的な見解にすぎず、データで実証することはできない。あるいは、品質を落とすのと引き換えに価格を引き下げたから？　それなら、根拠となるデータを得られるかもしれない。

多くの場合、ハードデータがもつ意味は、ソフトデータがなければ説明できない。たとえば、ライバル企業に関する噂だったり、自社の工場でつくっている製品の品質についてのゴシップだったりが必要なのだ。

ハードデータは過度に集約される場合がある

ハードデータは、一個一個の製品について何かを明らかにするのではなく、売上高という一つの数字を示す。あるいは、ある会社のすべてを損益という一つの数字に集約して表現する。問題は、その集計の過程で多くの情報がこぼれ落ちてしまうことだ。たとえば、メンテナンス予算を削ったことが会社に決定的なダメージを及ぼしつつあるとしても、その情報は伝わってこない可能性がある。木より森を見ること自体は悪いことではないが、材木業者ならしっかり木を見なくてはならない。上空のヘリコプターから森を見下ろすようなマネジメントでは、木々は全体として一枚の緑の絨毯にしか見えないだろう。

ハードデータが手元に届いたときには、手遅れの場合が多い

情報が「ハードデータ化」するまでには時間がかかる。デジタルデータがインターネット上を飛び交うスピードは、確かに目を見張るものがある。しかし、実世界の出来事は、まず「事実」として記録され（それには時間がかかる）、さらに集計されて報告書にまとめられる（さらに時間がかかる）。こうして情報がようやくハードデータになったときには、不満をもった顧客はもう他社に流れているかもしれない。数字しか見ようとしないマネジャーは、もっと早く危機を知らせてくれたかもしれないゴシップやエピソードなどを見逃してしまう。

ハードデータは、信憑性を欠く場合が驚くほど多い

一見すると、コンピュータの画面に表示された数字はいかにも信頼できそうである。しかし、そのデータがどこから来たかを考えるべきだ。ハードデータという硬い岩をどけて、その下に何がうごめいているかを見たほうがいい。以下は、20世紀前半にイングランド銀

行総裁を務めたジョシュア・スタンプ卿のものとされている言葉だ。
「政府機関は、統計データをかき集めることに血道を上げる。数字を入手し、それを加算し、何乗かにし、平方根を求め、見栄えのする図にまとめる。しかし、忘れてはならないことがある。これらの数字の一つひとつは、元をただせばそれぞれの村で調査官が集めたものだ。報告書に何を記すかは、調査官の胸一つなのである（注30）」

これは、政府機関に限った話ではない。不正な操作がなされる可能性のないデータなど、この世にあるだろうか。工場の不良品発生数や研究論文の引用件数、そして言うまでもなく企業の損益など、あらゆるデータに不正操作の可能性がついて回る。最初に記録された情報が正確だったとしても、それを数値化して集計する過程で多くのものが失われる。数字は丸められ、計算や解釈のミスが発生し、ニュアンスが脱落するのだ（注31）。

ハードデータを全面的に駆逐せよ、などと主張するつもりはない。ソフトデータをすべて排除するのもばかげているが、ハードデータをすべてなくすのも同じくらいばかげている。大事なのは、数字に幻惑されないことだ。

人間の勘などのソフトデータをハードデータによって検証することは、昔からおこなわれてきた。今後は、ハードデータの裏づけを取るために勘を用いてはどうだろう。コストが削減されたとか、利益が増加したというデータを見たときは、その数字を凝視してみよう。数字に信憑性が感じられるだろうか。疑わしければ調べてみればいい。村の調査官や企業のマネジャーが自分に都合のいい数字を書いていないか調査しよう。

以前、私の知人がイギリスの高級官僚にこう尋ねた――なぜ、あなたの部署では、そんなに数値データを集めるのか。その官僚は、「いま何が起きているかわからないときは、そうする以外にないじゃないですか」と答えた。でも、いま何が起きているかを知りたいなら、現場に足を運んで周囲を見回してもいいのではないか。疑わしい数字に遭遇したときは、現場で確かめてみよう。そうすれば、そんな数字が上がってきた理由が見えてくるだろう。

マネジメントを補強するために定量的な評価をおこなうのは、悪い発想ではない。計測できるものは計測すればよい。しかし、計測できないものを軽んじてはならない。両方を思慮深くマネジメントすべきだ。数値計測できるものはもちろんのこと、数値計測できないものもマネジメントすることを忘れてはならない。

22　マネジメントの質は数値計測できるか

あなたがマネジャーなら、自分がどのくらい役割を果たせているか知りたいことだろう。あなた以上に、まわりの人はあなたの仕事の質を把握したいと思っているはずだ。あなたが最高責任者なら、とりわけそうだ。

手軽な判断基準はいくつもあるが、どれも鵜呑みにすべきではない。マネジャーの仕事の質は、具体的な状況に即してでなければ評価できないからだ。マネジャーの仕事の質を評価することは、一見するほど簡単でない。以下では、その難しさを6つの面から論じたい。

❶「マネジャーが機能するかしないか」という発想は間違いだ。機能するのは、あくまでもマネジャーと組織の相性だ。あらゆる相手にとって「よい夫」や「よい妻」と評価できる人物はいない。存在するのは「よい夫婦」だけだ。マネジャーと組織の関係にも同じことが言える。マネジメントが成功するかどうかは、特定の時期の特定の状況下でマネジャーと組織の相性がよいかどうかで決まる。ある局面では致命的な問題にならない個人的な

短所が、別の局面では命取りになる場合もある。長所についても同じだ。ある局面でそれが役立ったとしても、別の局面でも好ましい結果を生むという保証はない。ある企業でコスト削減を成功させたマネジャーが別の企業でその手腕を振るえば、会社を破産させることもありうる。

したがって、**❷普遍的に有能なマネジャーは存在しない。**言い換えれば、あらゆる組織をマネジメントできるマネジャーなどいない。どの組織をマネジメントしても失敗する人物はいるかもしれないが、すべての局面で成功するマネジャーはいないのだ。

言うまでもなく、マネジメントが成功すれば組織も成功するし、マネジメントが失敗すれば組織も失敗する。そこで、**❸マネジャーの仕事ぶりを評価するためには、組織の成功の度合いを評価する必要がある。**

しかし、それだけでは十分でない。**❹組織の成功と失敗に、マネジャーがどのくらい影響を及ぼしたかも明らかにしなくてはならない。**無能なマネジャーに足を引っ張られながらも成果を挙げている組織もあれば、有能なマネジャーの貢献がなければもっとひどい状況に陥っていたと思われる組織もあるからだ。組織の成功と失敗がすべてマネジャーの手柄か責任だと決めつけるべきではない。歴史や文化、市場環境、（農業などでは）天候も影響する。有利な役職にうまく滑り込み、あとはそのまま無難に過ごすことで、組織の成功を自分の手柄にしている――このように、いわば他人の背中の上に乗っているだけのマネジャーも少なからずいるのではないか。

しかも、**❺マネジャーの仕事の質は、所管する組織や部署だけでなく、もっと広範囲に及ぶ影響も考えて評価すべきだ。**ときには、ある部署のマネジャーが自分の部署の成績を向上させるのと引き換えに、組織全体に害を及ぼすこともある。たとえば、営業部門が大量の製品を販売した結果、製造部門の生産が追いつかなくなり、会社が混乱に陥るといったケースだ。この場合、営業担当マネジャーは営業部門の責任者としての役割をまっとうしただけなのに批判されるべきなのかと、疑問に思う人もいるだろう。会社全体のマネジメントに責任を負うのは最高幹部たちなのではないか、というわけだ。確かに、そのような側面はある。しかし、私が提唱している「コミュニティシップ」の考え方によれば、営業担当マネジャーには営業部門以外のことも考える責任がある。マネジャーの仕事ぶりを評価する際に、所管部署が組織全体にどう貢献しているかを考慮する組織がもっと増えれば、好影響は計り知れない。

ときには、部署にとっても組織全体にとっても好ましい行動が、外の世界に悪影響を及ぼす場合がある。たとえば、取引相手にわいろを渡せば、売り上げは伸びるかもしれない。しかし、そんな方法で成果を挙げることを許していいのか。イタリアの独裁者だったベニート・ムッソリーニは、列車を時間どおりに運行させたことで有名だ。この点では、有能なマネジャーだったと言えるだろう。少なくとも、高い効率性を達成したマネジャーではあった。しかし、それ以外の面では、ファシストのモンスターだったのである。

ここまで読んできた読者は、ではどうすればマネジャーを正しく評価できるのかと疑問に思うかもしれない。この問いに対する答えは簡単だ（少なくとも理屈の上では）。**❻マネジャーの仕事の質は、数値で評価するのではなく、頭を使って判断すべきなのである。**最近はめっきりご無沙汰になっているが、「判断」という行為を思い出そう。何事にも言えることだが、ここでもお手軽な方法はないのだ。

23 エビデンスと経験

エビデンス（科学的根拠）と経験について、いまから3つの話をしよう。最初は自転車の話。最後は地球温暖化の話。その間に医療とマネジメントの話を挟む。

自転車のハンドルに取りつけられている変速機には、数字が表示される。その数字を見れば、現在どのギアで走っているかがわかる。これは一つのエビデンスだ。一方、経験とは、そのギアで自転車を走らせているときに直接、体が感じるものを指す。たとえば、平坦な道でペダルが軽いと感じるのが経験だ。要するに、エビデンスは示されるもの、経験は感じるものと言える。

もっとわかりやすい説明をしよう。自転車で坂道を上り、そのあと同じ道を引き返して元の場所まで下るとすると、上りは下りの4倍は長い。こう言うと、上りも下りも距離は同じなのに、何をおかしなことを言うのかと思う人が多い。しかし、人が経験するのは距離ではない。距離を表す数字は、抽象的なエビデンスにすぎない。経験するのは、あくまでも時間だ。

以前、医療関係のマネジャーが対象のプログラムであるＩＭＨＬ（国際医療リーダーシップ修士課程）の参加者（ほとんどが医師）に、エビデンス志向か経験志向かという尺度で、自分の仕事がどのあたりに位置するかを答えてもらったことがある。

すると、近年これほど「エビデンスに基づく医療」の重要性が強調されているにもかかわらず、参加者たちの回答は、強いエビデンス志向から強い経験志向まで、見事にまちまちだった。その後の教室での議論は、マネジメントと同様、医療でもエビデンスと経験のバランスが大切だという結論に落ち着いた。「エビデンスに基づく医療」という言葉を「エビデンスに導かれた医療」に変更すべきだと述べた参加者もいた。(注32)

実際、医師のトレーニングでは、エビデンスに基づく教室での教育と、経験を通じた臨床現場での学習のバランスを取っている。しかし、旧来のマネジメント教育（つまりビジネススクールのＭＢＡプログラム）は、分析（要するにエビデンス）を偏重し、経験を軽んじている。財務や戦略の講義で重きが置かれるのはエビデンスだ。理論でそれを補強することはおこなわれるが、生きた経験は重視されない。こうした偏りは、受講生が修了後に就く職にも引き継がれる。ＭＢＡ取得者の多くは、ビジネスの中核である営業や生産よりも、コンサルティングや財務、マーケティング、プランニングなどの職に就く。その結果、直接の経験を積むことなく、ますます分析とデータの検討にのめり込んでいくことになる。

この点では、ケーススタディを使った授業も大差ない。教室に実際の経験を取り込むという触れ込みだが、ケーススタディで扱われる題材と実際の経験の間には5つくらいの壁がある。ある企業で実際に起きた出来事がCEOによって語られ（前述したように、ハーバード・ビジネス・スクールのケーススタディ教材の大半はCEOに焦点を当てている）、それがビジネススクールの研究アシスタントによって記録され、それが教授の手で教材の形に書き上げられる。そして、その教材を使って、ほかの教授たちが授業で教える。しかし、その教授たちは、受講生と同様、教材に書かれていること以外はその会社のことをまったく知らない場合もある。

こうしてビジネススクールは、経験から学ぶことよりエビデンスを分析することを心地よく感じる人たちを世に送り出している。その人たちがマネジャーの座に就くと、たいていビジネススクールで教わったとおりに仕事をする。経験よりエビデンスを偏重し、数字に基づいてマネジメントをおこない、テクニックに頼る傾向があるのだ（この指摘のエビデンスは、あとで示す）。

この点に関連して言及せずにいられないのが、地球温暖化をめぐる状況だ。地球が温暖化していることを示すエビデンスは揺るぎない。それなのに、なぜもっと本格的な対策が

郵 便 は が き

料金受取人払郵便

渋谷局承認

6631

差出有効期間
2022年12月
31日まで
※切手を貼らずに
お出しください

150-8790

130

〈受取人〉
東京都渋谷区
神宮前 6-12-17
株式会社ダイヤモンド社
「愛読者係」行

フリガナ		生年月日		男・女
お名前		T S H 年 月 日生	年齢 歳	
ご勤務先 学校名		所属・役職 学部・学年		
ご住所 (自宅・勤務先)	〒 ●電話 ( ) ●FAX ( ) ●eメール・アドレス ( )			

◆本書をご購入いただきまして、誠にありがとうございます。
本ハガキで取得させていただきますお客様の個人情報は、
以下のガイドラインに基づいて、厳重に取り扱います。

1, お客様より収集させていただいた個人情報は、より良い出版物、製品、サービスをつくるために編集の参考にさせていただきます。
2, お客様より収集させていただいた個人情報は、厳重に管理いたします。
3, お客様より収集させていただいた個人情報は、お客様の承諾を得た範囲を超えて使用いたしません。
4, お客様より収集させていただいた個人情報は、お客様の許可なく当社、当社関連会社以外の第三者に開示することはありません。
5, お客様から収集させていただいた情報を統計化した情報(購読者の平均年齢など)を第三者に開示することがあります。
6, お客様から収集させていただいた個人情報は、当社の新商品・サービス等のご案内に利用させていただきます。
7, メールによる情報、雑誌・書籍・サービスのご案内などは、お客様のご要請があればすみやかに中止いたします。

◆ダイヤモンド社より、弊社および関連会社・広告主からのご案内を送付することがあります。不要の場合は右の□に×をしてください。 不要 □

①本書をお買い上げいただいた理由は？
（新聞や雑誌で知って・タイトルにひかれて・著者や内容に興味がある　など）

②本書についての感想、ご意見などをお聞かせください
（よかったところ、悪かったところ・タイトル・著者・カバーデザイン・価格　など）

③本書のなかで一番よかったところ、心に残ったひと言など

④最近読んで、よかった本・雑誌・記事・HPなどを教えてください

⑤「こんな本があったら絶対に買う」というものがありましたら（解決したい悩みや、解消したい問題など）

⑥あなたのご意見・ご感想を、広告などの書籍のPRに使用してもよろしいですか？

1　実名で可　　2　匿名で可　　3　不可

※ご協力ありがとうございました。

【これからのマネジャーが大切にすべきこと】107997●5450

講じられないのか。既得権うんぬんを別にすれば、大きな原因は私たち一人ひとりの態度にあるのかもしれない。私たちは気候変動に関して多くのことを聞かされているが、気候変動の影響を実際に経験することは少ない。つまり、エビデンスは知っているが、経験が不足しているのだ。

私たちは、「氷山が溶けているとは恐ろしい話だ……誰かが対策を講じる必要がある」とつぶやき、次の瞬間には暖房の温度を上げる。セーターを重ね着しようとはしない。しかし、地球温暖化による海面上昇で家が水浸しになる経験をした人に聞けば、まったく違う反応が返ってくるだろう。こと地球温暖化に関しては、その結末を実際に経験せずに済むように、エビデンスを信じて対策を実行したほうがよさそうだ。

南アフリカのダーバンで発行されている新聞デイリー・ニューズ（1982年6月16日付）に載っていた言葉を紹介して、エビデンスとのつき合い方に関するストーリーを締めくくろう。「家を出る前に天気の長期予報を調べましょう。短期の天気予報はまったくと言っていいくらい当てにならないので」

24 国民の幸福まで集計される時代

チベットとインドに挟まれたアジアの小国ブータンは、国王の肝いりで国民総幸福量（GNH）という指標を採用したことで有名になった。この国王は、王政から立憲君主制への移行を成し遂げ、民主的な選挙で選ばれた政府に権力を譲るなど、ありきたりの君主とは一味も二味も違う。王政時代には、森林面積を拡大させることを決めたり、すべての子どもに英語を学ばせる方針を打ち出したりもした。

GNHの採用は、国民総生産（GNP）にうんざりしていた世界中の人々の共感を得た。GNPには昔から多くの批判があった。アメリカの司法長官を務めたロバート・ケネディは、1968年にこう述べている。

国民総生産には、大気汚染を引き起こす活動やたばこの宣伝広告費が含まれている。……セコイアの木の伐採や……暴力を礼賛するテレビ番組の制作費も含まれる。……その一方で、子どもたちの健康や教育の質、遊びがもたらす喜びなどは反映さ

れない。……要するに、この指標はあらゆるものを計測するが、人生を意味あるものにする要素は計測しないのだ。(注33)

ＧＮＨは４つの柱で構成される。良質な統治、持続可能な開発、伝統文化の保存と振興、環境の保全である。これらがどの程度の水準に達しているかは、健康、教育、心理的幸福、コミュニティの活力など、９つの領域で判断される。いたってシンプルなものに見える。

これに興味を引かれた私は２００６年、山が好きなこともあって、ブータンを訪ねてみた。そのとき、多くの有識者と意見交換する中で驚いたことが2つあった。一つは、ＧＮＨの大半の側面について数値計測する方法が存在しなかったこと。そしてもう一つは、それでもあまり問題がなかったことである。これは、ブータンの人々がＧＮＨの理念に忠実に生きていた結果にほかならなかった。ＢＢＣの記者の言葉を借りれば、それが生活の一部になっていたのだ。ブータンは貧しい国ではあるが、人々はおおむね快適に生きているように見えた。

このあとほどなく、世界中のエコノミストがブータンに殺到し、ＧＮＨの問題点をどのように修正すべきかを指南しようとした。実際には問題などなかったのに、である。エコノミストたちの発想では、数値計測できなければＧＮＨをマネジメントできないと思えたからだ。こうして、「72の指標を用いて分析をおこない、（9つの領域のそれぞれについて）加重・非加重の処理を施したGNH指数が算出されるようになった。……幸福を最小の構成要素に分解して検討するための数式まで考案された」。[注34] GNHの値を導き出すためのアンケート調査の一つは、調査内容が「約750項目」にわたり、すべて記入するのに5～6時間を要するものだった。[注35] これによって学者が満足する数字は手に入るだろうが、それで本当に「幸福」が測れるのだろうか。

GNHに対しては、主観的な判断にすぎないという評価がついて回る。経済学者のディアドラ・マクロスキーは、この指標を「非科学的」だと批判し、「人々に『今日は暑いか、寒いか、ちょうどよいか』と尋ねて、その回答をもとに物理学の研究をおこなうわけにいかないのと同じことだ」と述べている。[注36] しかし、教育や文化や幸福は、そもそも温度のようには数値計測できない。GNHにとっては、この考え方を潰したいと考える敵よりも、それを数値計測したいと考える味方のほうが脅威なのかもしれない。

2013年、GNHの数値計測をめぐる騒ぎからほどなく、ハーバード・ビジネス・スクールのエコノミストであるマイケル・ポーターに学んだこともあるツェリン・トブゲーがブータンの首相に就任した。新首相は就任早々、GNHに関心を奪われるあまり「目の前にある現実の課題から目を逸らしている人がいる」と指摘した。[注37] 国が抱えている喫緊の課題から目を逸らしてはならない、というのがその趣旨だった。(注38) トブゲーにとっては、具体的な数字で表現できるもののほうが理解しやすかったのだろう。ＧＮＨは「非常に難解」で、「私にはきわめて複雑に思える」と述べている。(注39)

アメリカの作家Ｆ・スコット・フィッツジェラルドいわく、「第一級の知性の持ち主とは、２つの相反する考え方を同時に受けとめながら思考し続けられる人のことである」(注40)。数値計測と幸福を同時に扱えない政治指導者やエコノミストには、数値計測をあきらめて幸福を重視することをお勧めしたい。

第4章 マネジャー育成の話

全員が同じ意見なら、
誰も考えていないのと同じことだ。
ベンジャミン・フランクリン（アメリカ建国の父の一人）

25 ケーススタディは「経験」か

ハーバード・ビジネス・スクールのある教授は、講義形式の授業で「学生は教員が『答え』を教えてくれるのを待っている」と指摘した。ビジネススクールには、行動を避ける習性が根を張っているのだ。ケーススタディを使った授業の場合、学生たちはこう求められる。「情報が不十分なことは承知しています。それでも、いま手元にある情報をもとに、自分ならどのように行動するか考えてください(注41)」

そして、教授が学生を指名する。「ジャック、あなたがマンモス社のCEOだとしましょう。会社はどうすべきだと思いますか」。教授と87人のクラスメートが固唾をのんでジャックの答えを待つ。

ケーススタディ形式の授業では、誰が指名されるかは予告されない。全員がしっかり準備して授業に臨むようにするためだ。もちろん、ジャックも準備してきていた。指名されたときにどう答えるかは、前から決めてあった。ケーススタディの目的は「型にはまった思考を疑う」ことだと聞かされていたし、マネジャーには決断力が不可欠なので、MBA

の学生たるもの自分の主張をはっきり述べるべきだとも繰り返し指導されていた。そこで、意を決して自分の意見を述べた。

「どうして、その質問に答えられるでしょうか」と、ジャックは切り出した。

「昨日までマンモス社のことなどほとんど知りませんでした。それなのに、いまこの会社の戦略について述べろとおっしゃる。

昨晩は、ほかにも2つのケーススタディの予習をしなくてはなりませんでした。だから、莫大な数の社員と製品をもつ会社であるにもかかわらず、私がこの会社を知るために割けた時間は数時間にすぎません。

まず、資料にざっと目を通しました。そのあと、今度は……もう少し丁寧に読んでみました。マンモス社の製品を使った記憶は一度もありませんでした。昨日、改めて確認して初めて、自宅の地下室で使っている殺鼠剤のメーカーだと気づいたくらいです。工場を訪ねたこともないし、本社があるニューファンドランド島のカムバイチャンスという町にも行ったことがありません。

自分以外にはマンモス社の顧客なんて一人も知らない。ケーススタディの登場人物も、誰一人知りません。しかも、マンモス社はかなりのハイテク企業ですが、私はテクノロジーに詳しくありません。私の数少ない実務経験は、家具業界でのものです。ところが、与えられた材料はこの薄っぺらい資料だけなのです。上っ面の情報だけで判断しなくてはならない。質問に答えることはお断りします」

さて、ジャックはどうなったか。ビジネススクールでどのような運命が待っていたかは、読者の想像に任せよう。だが、その後、家具ビジネスの世界に戻ったジャックは、現実の製品、人間、プロセスに向き合い、勇気をもって決断を下し、常識に異を唱えた結果、ついにCEOに上り詰めた。そして、業界分析をほとんどすることなく（それを教わる前にビジネススクールをやめてしまっていた）、同僚たちとともに経験を重ねて戦略を見いだした。その新しい戦略が、やがて家具業界全体に変革を起こした。

ビジネススクールの教室に話を戻そう。ジャックの隣に座っていたビルという学生が発言を求めた。マンモス社を訪れたことはなかったが、躊躇はなかった。このとき、ビルは気の利いたコメントを1つか2つ述べた。その後、MBAを取得し、輝かしい肩書きを引っ提げてコンサルティング会社に勤めると、ケーススタディの授業と同じように、短期間で次々とさまざまな企業を扱い、そのつど、直前までまったく知らなかったテーマについて1つか2つ気が利いたことを述べ、その処方箋が実行される前に――つまり行動の前に――いつも立ち去っていった。

こうした経験を重ねるうちに、やがてビルはある大手家電メーカーのCEOとして招聘された。家電メーカーのコンサルティングをしたことはなかったが、考えてみれば、ビジネススクールでマンモス社のケーススタディをしたときもその業界のことはまったく知らなかった。CEOの座に就いたビルは、この会社の「人的資源」を数千人整理し、派手なハイテク戦略を立案して実行した。その戦略とは、大規模な企業買収だった。どんな結果になったか、想像してほしい（次のストーリーを読めば、答えは察しがつくだろう）。

ハーバード・ビジネス・スクールの卒業生2人による著書『世界最強の教育機関　ハーバード・ビジネス・スクールは何をどう教えているか』（邦訳・経済界）に、こんな一節がある。「読者はこう疑問に思うかもしれない。『ケーススタディを読んで、2～3時間で分析しろっていうのか』。ハーバードでは、そのとおりのことを実際にさせている。学生たちは、一日に2つか3つのケーススタディを予習しなくてはならない。……そこで、リサーチの質を追求する以上に、手っ取り早くリサーチを済ませようとする」(注42)

数年前、ハーバード・ビジネス・スクールはエコノミスト誌に、幹部教育プログラムの広告を載せた。その広告では、いかにも企業幹部風の外見の女性がこう述べていた。「私たちは毎日4つの企業を研究してきました。これは紙の上の議論ではありません。紛れもない経験です」。とんだたわごとと言うほかない。

26 MBA取得者のCEOとしての成績表

ビジネススクールはどこも、CEOを大勢輩出していることを自慢する。ハーバード・ビジネス・スクールは、特にその傾向が目立つ。ほかのどのビジネススクールよりも多くの卒業生がCEOになっているからだ。しかし、MBA取得者たちのCEOとしての働きぶりはどうなのか。CEOの仕事をするのに必要な能力は、CEOの座を獲得するのに必要な能力と同じなのか。

一流ビジネススクールのMBAプログラムにやって来る学生の大半は、聡明でやる気があり、闘争心が強い。そのような人たちがケーススタディの授業を通じて、ろくに知識のない問題についてもっともらしい意見を述べる方法を学ぶ。そして、分析のテクニックを教わることにより、自分がどんな問題にも対処できると錯覚する。深い経験など必要ないと考えてしまう。そのうえ、立派なビジネススクールを修了したという信用と、充実した「同窓会ネットワーク」も手に入る。そのおかげで、MBA取得者は「トップ」に上り詰めることができる。だが、そのあとはどうなるのか。

衝撃のエビデンス

ＭＢＡ取得者がＣＥＯになったあと、どのような結果になるのか――ビジネススクールはこの点を調査しようとしない。しかし、私はジョセフ・ランペルと一緒にそれを調べたことがある。きっかけは、２０００年に、１９９０年刊のデイビッド・ユーイングの著書『ハーバード・ビジネス・スクールの経営教育』（邦訳・ＴＢＳブリタニカ）を読んだことだった。

ハーバード・ビジネス・スクールをよく知る長年の内部関係者であるユーイングに言わせれば、「同校はおそらく世界で最も強力な民間機関」(注43)だ。ユーイングはこの本で、同校出身で「トップを極めた」人物を19人挙げていた。１９９０年時点でのハーバード・ビジネス・スクール出身のスーパースターたちである。このリストには、１９９０年以降のリストにはとうてい登場しそうにない人物が数人含まれていて、それが私の目を引いたのだ。

私はランペルとともに、19人の、１９９０年以降の成績を調べてみた。その結果は、ひとことで言えば惨憺たるものだった。19人のうち10人、つまり過半数は明らかに失敗していた。会社が破産したり、みずからが更迭されたり、大型企業買収が裏目に出たりしていたのだ。そのほかの４人も問題ありに見えた。この14人の中には、立派な会社を築いたり、不振企業を劇的に立て直したりして評判になったものの、その後、極端に業績が悪化したり経営破綻したりしたケースもあった。残りの5人は大過なく役割を務めていたようだ。

失敗組の実例を挙げると、たとえばフランク・ロレンツォは3つの航空会社でトップを務め、そのすべてで大失敗を経験した。ロイ・ボストックは、有名広告代理店ベントン&ボウルズのCEOを10年務めたが、退任した5年後に会社は閉鎖された。

最も有名で最もドラマチックなのは、ウィリアム・アジーの例だろう。自動車のブレーキなどで有名なベンディックス、建設大手のモリソン・ヌードセンでCEOを務めた人物である。ベンディックスでアジーの側近だったメアリー・カニンガム（やはりハーバード・ビジネス・スクール出身）の著書を取り上げたフォーチュン誌の書評記事に、次の記述がある。

この本には、現実のビジネスに関する議論はほとんど出てこない。戦略という神にひざまずくだけだ。……古臭い製品を捨てて派手なハイテクビジネスに転換したという話に終始している。なぜその戦略が独創的だったと言えるのかは述べられていない。それどころか、それがよい戦略であったという理由も書かれていない。(注44)

フォーチュン誌は、こんな別の記事も載せている。「アジーは財務と会計に精通していて、巧みに自社の資産を売却したり、他社への投資をおこなったりした。……しかし、間違ったハイテク路線が採用されたのち……企業買収の試みが裏目に出て……ベンディックスは身売りに追い込まれた」。その後、モリソン・ヌードセンのCEOに就任したアジーは、「いくつかとんでもない決定を下した」。一部の幹部によると、いかがわしい会計手法を用いて利益を何千万ドルもかさ上げしていたという。「アジーの致命的な欠陥は、マネジャーとしての弱さにある」と、記事は結んでいる。(注45)

考えてみると、アジーはマネジャーというよりリーダーだったのかもしれない（次ページのコラムを読んで、あなた自身で判断してほしい）。もちろん、ビジネススクールで2年間学んだからといって、マネジャーとしての潜在能力が必ず損なわれるわけではない。現に、CEOとして成功している人もリストの中に5人いた。しかし、14人のCEOたちの仕事ぶりを見る限り、MBAという肩書きのせいで、不適任な人物がCEOの座に就いてしまう場合があるようだ。ビジネススクールでケーススタディと分析が偏重される結果、好ましい資質の持ち主も、マネジメントについて誤った考え方をもってしまうのかもしれない。

column

お高い存在のリーダーであり続けたい人はどのように行動すべきか

- つねにあらゆることを変え続ける。特に、ひっきりなしに組織改編を繰り返す。そうすることにより、社内の人々に爪先立ちの緊張状態を強いるのだ（地に足のついた状態にはさせない）。結果がどうなろうと、この方針を曲げてはならない。
- インサイダーを信じない。会社のことをよく知っている人間のことは疑ったほうがよい。まったく新しい「幹部チーム」を外部から招くべきだ。そして、コンサルタントを重用すること。コンサルタントは、会社のことは知らないかもしれないが、お高い存在のリーダーのことは間違いなく評価してくれる。
- 「いま」のことだけを考える。大切なのは、いま劇的な取引をまとめることだ。過去はもう終わったことだし、未来は遠い先のことにすぎない（ただし、未来のボーナスについては話が別）。既存の事業は無視してよい。すでにあるものを変革するには時間がかかるからだ。それより、企業買収に邁進すべし。海のものとも山のものともつかなくても、社外に目を向けたほうがよい。そうすれば、株式市場のアナリストやデイトレーダーの関心を引きつけられる。

●数字を重視する。そうすれば、部下に達成目標を言い渡すだけで済み、マネジメントする必要がなくなる。また、社員の何百倍もの給料を受け取るようにするとよい。それにより、自分が一般社員よりどれほど重要な人物かを印象づけられる。これこそがリーダーシップなのだ！　そして、最も重要なのは、株価を吊り上げ、自分の持ち株を換金し、さっさと会社を去ることである。立派なリーダーは引く手あまたなので、次の仕事はよりどりみどりだ。

それに輪をかけて衝撃的なこと

19人のCEOについて調べてわかったことは、衝撃的と言うほかない。これで何かが立証されたわけではないが、そこから重大な懸念が浮かび上がる。誰もが欲しがるMBAの肩書きが、マネジメントの質を悪化させている可能性があるのだ。

しかし、もっと衝撃的なことがある。私たちの研究結果は、フォーチュン誌で大きく取り上げられたし、2004年に出版した『MBAが会社を滅ぼす』（邦訳・日経BP社）という本は10万部近く売れた。(注46) ところが、なんと状況はまったく変わらなかったのである。私たちの研究を知って、危機感をもった人もいるのではないか、好奇心ぐらいは刺激されたのではないかと思う人もいるだろうが、まったくそんなことは起こらなかった。この事実が、ビジネススクールのあり方について多くのことを物語っているように思える。

ますます憂慮すべき状況

最近、ビジネススクールの教員であるダニー・ミラーとシャオウェイ・ウーが私たちよりも多くのサンプルをもとに、この問題に関して2本の論文を発表している。その研究が明らかにした事実は、ますます由々しきものと言わざるをえない。

「はかない栄光――称賛されているMBA出身CEOの利己的行動」という論文では、1970～2008年にビジネスウィーク誌、フォーチュン誌、フォーブス誌で特集されたアメリカ企業の444人のCEOをサンプルに選んだ。(注47) ミラーとウーは、この中でMBA取得者がCEOを務めていた企業（全体の約4分の1）と、それ以外の企業の業績を比べてみた。

どちらのグループの企業も、雑誌で取り上げられた後で業績が落ち込んでいた。ミラーが述べているように、「トップに立ち続けることは難しい」のだ。ただし、MBA取得者がCEOを務める企業は、そうでない企業より早期に業績が悪化しはじめたうえ、「雑誌掲載から7年後の時点でも業績不振が続いていた」という。

この研究によれば、「MBAを取得していることは、企業買収で成長を実現するには都合がよいが……（その結果として）キャッシュフローが減少し、資産の投資回収率が悪化する」。それなのに、MBA出身のCEOが受け取る報酬は増加していた。その増加ペースは、MBAを取得していないCEOを平均15％上回った。この人たちは、どうやら「私利私欲を追求する」コツを身につけていたらしい。それが生み出すのは、ミラーに言わせれば「大きなコストを伴う急成長」(注48)だ。

ミラーとウーのもう一つの論文「MBA出身CEO――短期的マネジメントとその成果」は、さらに最近の、より多くのサンプルを用いている。(注49)2003〜13年にアメリカの上場企業のCEOを務めた5004人が対象だ。結果は、もう一つの研究と同様だった。「MBA出身のCEOはそうでないCEOに比べて、利益のかさ上げや研究開発の圧縮など、短期志向の戦略に基づいて行動することが多い。しかし、その種の行動を取ると、のちに会社の株式時価総額が縮小する」。それにもかかわらず、MBA出身のCEOたちは、この「成果」を理由に莫大な報酬を手にしていた。

状況が変わらない理由

今日、ビジネススクールは目を見張るほど栄えている。ある面では、それも当然だ。多くの充実した研究に取り組んでいるし、学際研究の拠点になっているケースもある。一流のスクールには、心理学者、社会学者、経済学者、歴史学者などが集まっている。それに、MBAプログラムは、マネジメントという実践の行為はともかく、財務やマーケティングのような業務機能はしっかり訓練している。そんなビジネススクールがなぜ、数々のマネジメントの失敗例を生んでいるように見えるマネジメント教育をやめないのか。

おそらく、大勢の卒業生が「トップ」に上り詰めているのに、わざわざやり方を変える必要はないと思っているのだろう。CEOに就いた卒業生が会社と経済と社会にどんなに害悪を及ぼそうと、関係ないらしい。

これでは、MBA出身のCEOによる失敗が続くのも不思議ではない。よく言われるように、「同じやり方を続ければ、同じ結果が繰り返される」のだ。(注50)

27 もう一つのＥＭＢＡ？

巷ではビジネス教育こそ盛んだが、マネジメント教育はほとんど実践されていない。もしあなたが企業のマネジャーで、立派な成績を挙げているにもかかわらず、物事をぶち壊しにするＭＢＡ取得者たちに出世で追い抜かれ続けているとしたら、どうすればよいのだろう。あなたにも「ＥＭＢＡ」が必要なのだろうか。

その「ＥＭＢＡ」というのが、「エグゼクティブＭＢＡ」のことではなく、「マネジャーを経営管理以外のことに関わらせる」（Engage Managers Beyond Administration）の意味であれば、この問いの答えはイエスだ。

あなたは、ビジネススクールの大教室におとなしく座り、行動や関与の大切さについての講義を聞きたいのか。ケーススタディの授業で、まったく接点もなければ知識もない会社について意見を述べたいのか。そもそもあなたは、企業の経営管理《アドミニストレーション》とマネジメントの実践のどちらに関心があるのか。

私は長年、世界のビジネススクールを訪ねて、既存のＭＢＡプログラムで実施されているマネジメント教育の問題点を指摘してきた。端的に言えば、MBAプログラムは、間違った人間を間違った方法で教育し間違った結果を生み出している、と私は主張している。まず、MBAの学生たちには概して実務経験が乏しい、という問題がある。実務を離れた教室でマネジャーを育てることは不可能だ。学生に実務経験が足りないため、教育はどうしても分析偏重になる。マネジメントの「アート」も「クラフト」(技)も教えられないので、「サイエンス」に頼り、分析とテクニックを教えることになるのだ。それ以外の方法としては、現場と切り離されたケーススタディを用いるくらいしかない。

このような教育を受けた人たちは、自分があらゆるものをマネジメントできる方法を習得したと思い込む。しかし、実際にはいかなるもののマネジメントも習得していないので、実務の場で重大な結果を招く場合が多い。MBAプログラムの卒業生には、額にドクロ印のスタンプを押して、「警告! この人物はマネジャーになる準備ができていません!」と表示してもよいくらいだ。

こんな話をすると、学者に尋ねるにはふさわしくない問いがぶつけられる。「その状況を変えるために、あなたは何をしているのですか」というのだ。研究者の役割は問題を指摘することであって、具体的な行動を取ることではないのだが、こうした問いを浴びせられ続けて困惑した私は、世界の有力ビジネススクールの教員たちと協力して、ついに「I

MPM」（国際マネジメント実務修士課程）という新しいプログラムを発足させた。(注51)

教室でマネジャーをつくり出すことはできないが、現役マネジャーが教室でみずからの経験を振り返り、参加者同士で意見交換することの意義は大きい。T・S・エリオットの詩「ドライ・サルヴェイジズ」に、「私たちは経験したが、その意味を理解していなかった」という一節がある。この言葉に沿って言えば、マネジメント教育は、人々がみずからの経験の意味を理解するのを助ける取り組みであるべきなのだ。

IMPMに参加する現役マネジャーは、平均年齢が40代。職にとどまったままプログラムに参加する。期間は16カ月。その間に、世界の5カ所（イングランド、カナダ、インド、日本、ブラジル）で開催される5つのモジュール（各10日間）に臨む。それぞれのモジュールは、財務やマーケティングなどの業務機能ではなく、マネジメントのマインドセット（思考様式）を軸に据えている。具体的には以下の5つのマインドセットに焦点を当てる。

- 振り返り（Reflection）＝自己のマネジメント
- 分析（Analysis）＝組織のマネジメント
- 広い視野（Worldly）＝文脈のマネジメント
- 協働（Collaboration）＝関係のマネジメント

●行動（Action）＝変革のマネジメント

ＩＭＰＭの初年度である１９９６年、振り返りをテーマにした第1モジュールが終わり、「あなたと出会えてよかったです」と参加者たちが言葉を交わしていたとき、エネルギー大手、ＢＴのセールスマネジャーであるアラン・ウィーランがこう言った。「私自身と出会えたこともよかったですよ」。振り返りを通じて、自分のことをよく理解できたというわけだ。

ＩＭＰＭでは、50対50のルールを採用している。教室の時間の50％を参加者に譲り、自分たちの課題を語り合えるようにしているのだ。そのために、階段教室ではなくフラットな教室に円卓をいくつも設置し、参加者がいつでも議論に加わったり、そこから抜けたりできるようにしてある。

マネジャーたちは、周囲と関わることなく授業を聴講するのではなく、コミュニティの一員としてみんなで一緒に学習を深めていく。また、独りぼっちで教室に放り込まれるわけでもなく、それぞれの所属組織の状況や文脈も背負った状態でプログラムに参加する。

このような前提の下、ＩＭＰＭではいくつかの斬新な活動をおこなっている。(注52)

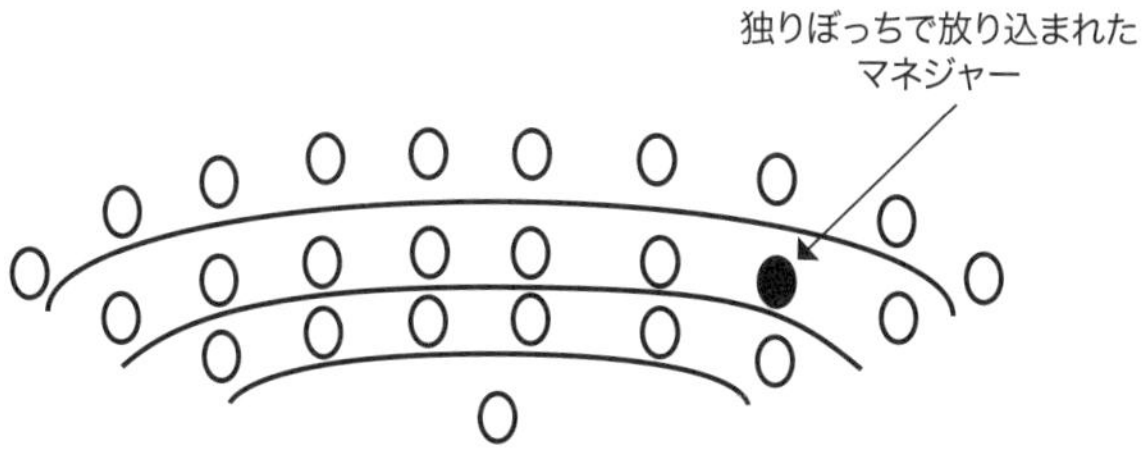

孤独に成長を目指す

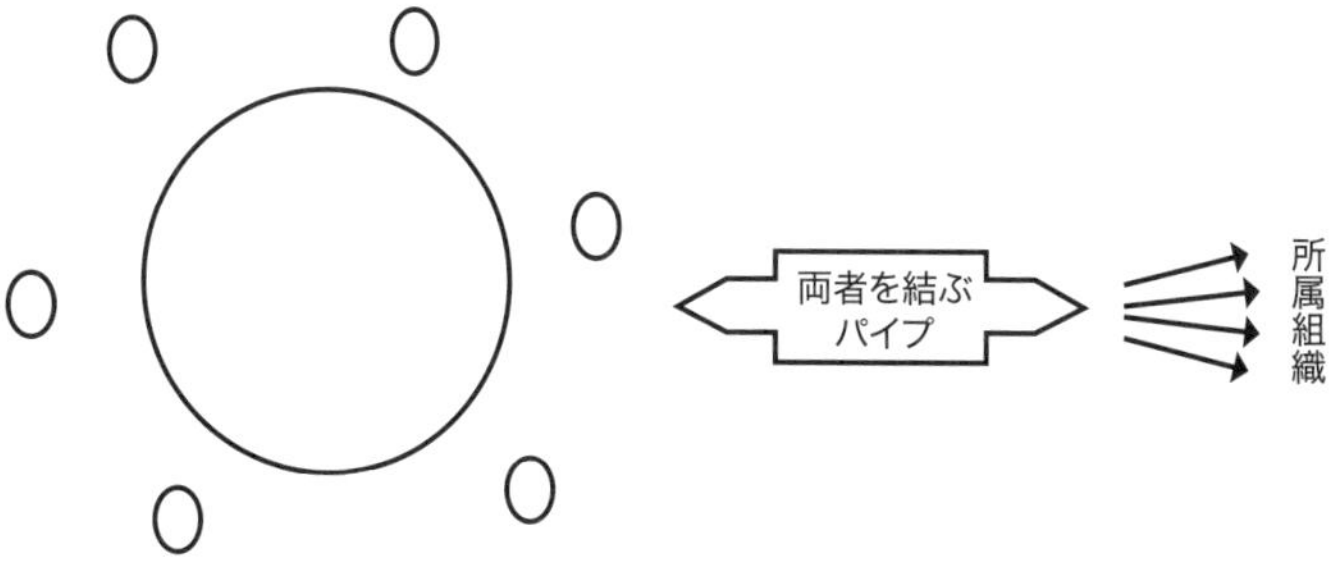

成長を目指すコミュニティの一員

フレンドリー・コンサルティング

小人数のグループでそれぞれの関心事を話し合う。ある参加者は、プログラム期間中に上司が突然辞職して、自分が後任を引き受けるべきか迷っていた。そこで彼女のために、昼食をとりながら1時間にわたる友好的なコンサルティングがおこなわれた。

マネジャー交換留学

参加者がペアをつくり、互いの職場を訪ねて1週間近く過ごす。IMPMが発足して最初のマネジャー交換留学は、インドのプネーでジャムやゼリーのメーカーを経営するマユール・ボラと、ジュネーブの赤十字国際委員会でアフリカ部門のナンバー2を務めていたフランソワーズ・ルジョフの間で実現した。

ジュネーブを訪ねたボラは、ルジョフが文書を自分でタイピングしているのを見て驚いた。「秘書に任せられないの?」と思ったのだ。ここに、スイスとインドの違いがあった。ボラはこのとき、広い視野のマインドセットを獲得したのだ（IMPMでは、ほかの人の世界に入り込むことを通じて自分の世界への理解を深めることを目指す。だから、私たちは「世界規模《グローバル》の」という言葉を使わず、「広い視野《ワールドリー》の」という言葉を使う）。

ボラはジュネーブ滞在の最終日、ルジョフの部下と話したいと申し出た。全員がその求めに応じ、ルジョフのマネジメントスタイルについての思いを語ってくれた。ボラを介して、上司であるルジョフに自分の考えを伝えようとしたのだ。この経験により、「ボラという鏡を通して、自分自身を見つめ直すことができた」と、ルジョフは述べている。

インパクトチーム

ＩＭＰＭの参加者たちには、それぞれの職場に帰ってから「インパクトチーム」をつくり、プログラムで学んだことを生かして変革を起こすよう勧めている。「変化した人間」を「変化していない組織」に送り込むことは避けるべきだと言われるが、ＩＭＰＭの考え方は違う。参加者は、自分が変わった結果として組織も変えるべきだ。ある参加者は、自分が働く小さな企業で深刻な問題が持ち上がったとき、事態を収拾する役割を担うことになった。その際、彼はインパクトチームをつくってプログラムで学んだことを実践し、そのおかげで会社は窮地を脱したという。

ＭＢＡプログラムが全面的に悪いと言うつもりはない。しかし、それが得意なこと（専門的機能の訓練）と、不得手なこと（組織マネジメント能力の育成）を正しくわきまえるべきだ。私たちは、ＭＢＡで満足せず、真のマネジメント教育を目指す必要がある。(注53)

28 ─ 教室に座っているだけではなく……

想像してみてほしい。会長だけがうしろ向きに座り、最後まで発言を許されない取締役会を。基調講演者《キーノート・スピーカー》ではなく、「基調傾聴者《キーノート・リスナー》」が登壇するカンファレンスを。マネジャーたちが輪になって座り、幼稚園児がやるような「ショー・アンド・テル」（訳注：好きなものを家からもってきて、みんなの前で説明する）を楽しんでいる場面を。ばかげていると思うだろうか。

ＩＭＰＭのプログラムでは、長年そのような「ばかげた」ことをおこない、成果を挙げてきた。参加者たちは、よりよい聞き手になり、より思慮深く話し、より有効に問題に対処できるようになって帰って行く。座席配置にも工夫を凝らしている。誰かが話すのをただ聞くのではなく、自分が話す番が来るまで他人の話を上の空で聞き流すのでもなく、全員が一斉にしゃべろうとするのでもなく、参加者が自由闊達に意見を交わして成長できるように、さまざまなパターンを試してきた。教室の中だけでなく、外でも意見交換が進むように工夫している。

ＩＭＰＭの構想を練っていたとき、自動車大手のフォード・モーターで斬新な幹部育成プログラムに携わったナンシー・バドレーから言われた。「参加者をどういうふうに座らせるつもり？」

バドレーは、私たちが新しいプログラムを立ち上げるのを手伝ってくれていた。

「Ｕ字型に座席を並べることになるんじゃないかな」と、私は答えた。

すると、「そんな産婦人科の内診台みたいな座席は勘弁して！」と言われてしまった。

これで方針は決まった。あとはひたすら前を見据えて突き進んだ（参加者から、うしろを向いて黙って話を聞くよう求められたときは別だが）。

テーブルごとの議論に半分の時間を割く

まず、階段教室ではなく、フラットな教室に複数の丸テーブルを置き、そこに参加者を着席させることにした。このやり方なら、いちいち席を移動しなくても小グループに分かれて議論ができる。私たちのプログラムでは、この座席配置を利用して、参加者が互いから学ぶための活動に授業時間の半分を割いている。参加者は教員からも学ぶが、それと同じくらい互いからも学ぶ。丸テーブルを用いることによって、ばらばらの個人の寄せ集めが、みんなで一緒に学ぶ人々のコミュニティに変わるのだ。

みんなで輪をつくって発表会

当初は、テーブルごとの議論のあと、多くのプログラムと同じようなことをしていた。グループごとに、議論の内容をクラス全体に向けて発表させていたのだ。しかし、ある日の全体発表で、新しい教員が、クラス全員を大きな輪にして座らせ、自分もその輪に加わって議論に参加した。すると、素晴らしいショー・アンド・テルが実現した。

翌日、別の教員が同様の方法で参加者を着席させた。ただし、この教員は自分は立ったままで発表会を進めた。これでは、「私が発言の許可を与えるので、私に説明してください。そのあとで私がコメントしましょう」と言っているかのようだった（大学教授は「教授」せずにいられないようだ）。

そのさらに翌日、この日の担当になった教員は、やはり全員を輪にして着席させたが、「今日は私が担当です」とだけ言って部屋を出て行った。全体での議論が終わった頃に教員が戻ってくると、次からはみんなと対等の立場で着席して議論に加わって欲しいと参加者たちから言われた。

基調傾聴者

テーブルごとに「基調傾聴者」を一人選び、ほかのみんなが話している間、うしろを向かせ、いっさい発言せずに議論に聞き耳を立てさせる。そして、クラス全体の議論のとき、その人にグループディスカッションの内容を発表させる。よいマネジャーは、良い聞き手であることも必要だからだ。

内側の小さな輪

基調傾聴者による全体発表の方法にも、ときどき趣向を凝らしている。傾聴者だけで小さな輪をつくって座らせ、それを残りの全員が大きな輪になって取り囲む。その状態で、基調傾聴者たちに各グループで話された内容をもとに語り合ってもらうのだ。ほかの人たちは、さっきまで自分たちが話していたことを外の輪に座って聞くことになる。

肩を叩いて交替

内側の輪での傾聴者たちの議論がひと通り終わったとき、外の輪にいた人が何か言いたければ、内側の人の肩を叩いて交替してもらう。こうしてメンバーが入れ替わることにより、議論に新しい空気が吹き込まれる。

一度に議論できるのは内側の輪の数人だけだが、全員が議論に関わることができ、しかも特定の誰かが仕切り役になる必要もなく、鮮度を失わずに議論が続く。この方法は、かなり魅力的なセッティングと言える。ちなみに、以前、ニューヨーク・タイムズ紙の記者が飛び入り参加した際、その人物を基調傾聴者に指名して、内側の輪で話してもらったことがある。さすがに記者だけのことはある。誰も彼の肩を叩いて交替させようとしなかった。(注54)

大人数の場でも

こうしたことを実践すれば参加者も教員も教室で充実した時間を過ごせるが、それを教室の中だけにとどめる必要はない。私たちはもっと大きな会議でも基調傾聴者を指名したことがある。２００人が参加したイベントで、丸テーブルに分かれてグループごとに議論させ、その結果を全体に発表させた。

具体的には、グループディスカッションの最後に、「それぞれのグループで一番素晴らしい意見を発表した人を一斉に指さしてください」と指示し、選ばれた人に前に出てもらい、参加者全員に発表させた。ある参加者は、「大人数の会議で有意義で充実した会話を続けるための素晴らしい方法」だと評価してくれた。

企業の現場でも

現時点ではまだ、大企業の会長に取締役会でうしろ向きに座らせることはできていない（たぶん、会長は会社を上向かせるのに忙しく、うしろを向いている暇がないのだろう）。それでも、以上のような試み――丸テーブルに座る、振り返りをおこなう、発言せずにほかのメンバーの議論に耳をそばだてる、大きな輪と小さな輪をつくって座るといったこと――を実際に職場に導入したらどうなるか、想像してみてほしい。

いや、想像するよりも、カルロスの話を聞いたほうが早いかもしれない。ＩＭＰＭと同様の設計を採用した1週間のプログラム「ＥＭＢＡラウンドテーブルズ」に参加したマネジャーだ。プログラムを終えたあと、メキシコシティの工場に戻ったカルロスは、工場内に丸テーブルを導入した。そして、その写真をメールで送ってくれた。難しい問題についてじっくり考える必要があるときは、「このテーブルをよく使っています」とのことだった。

コーチング・アワセルブズ

「コーチング・アワセルブズ」という活動も始まっている。これは、ＩＭＰＭから教員と教室を取り除いたものだ。マネジャーたちが自分たちの職場で集まり、チームに分かれてテーブルを囲み、自分たちなりに考えて成長を目指す。それぞれのチームは、「戦略上の死角」「コミュニティとしての組織形成」「戦略クラフティング」といったテーマごとの参考資料をウェブサイトからダウンロードし、その内容を自分たちの経験と照らし合わせ、そこから見えてきたことをもとに組織を改善していく。

マネジャー育成プログラムは、参加者の座らせ方と議論の進め方を変えれば、そのまま組織開発プログラムにもなる可能性があるのだ。(注55)

(このストーリーは、ジョナサン・ゴスリングと共同で執筆した)

第5章

文脈の話

くる年もくる年も、心配屋や怖がり屋が私のところにやって来て、
恐ろしい戦争が起きるぞと言った。
そのたびに、私はその主張を否定した。
私の見通しが間違っていたのは２回だけだった。

イギリス外務省の研究員（在職1903〜50年）

29 ファミリービジネスのマネジメント

私はファミリービジネスが大好きだ。ただし、経営者の継承をうまくやってくれれば、という条件がつく。息子が父親の事業を継ぐことに、私は懐疑的だ。それ以上に、経営者である父親が息子に後を継がせたがることには疑問を感じずにいられない。娘に継がせたがらないというのはもっとおかしい（この点については後述する）。ファミリービジネスは、もっと広い視野で後継者を探すべきだ。株式市場の外にも目を向けたほうがよい。

3代目が会社を潰す？

私の父は起業家だった。まずまず成功していたと言えるだろう。衣料品関連の会社をつくって軌道に乗せ、家族に快適な暮らしをさせてくれていた。だが、私は父の事業を継ぐつもりはまったくなく、常々そう宣言していた。私は研究者の道に進み、父は最終的に会社を売却した。

私がカナダのモントリオールで子ども時代を過ごしたとき、周囲には起業家の子どもたちもいた。私と違い、その多くは当然のように親の会社で働いた。その後、可もなく不可もない成果を残した人が数人。なかには、事業を目覚ましく成長させた人もいた。しかし、ほとんどはやがて会社を潰したり、業績を悪化させたりした。一族内の主導権争いに巻き込まれ、相続した資産の運用で生計を立てるようになった人もいた。

つまり、ファミリービジネスを継いだ子どもたちの成績は良好とは言えないのだ。私が子どもの頃に知っていたファミリービジネス（なかには非常に有名な会社もあった）のうち、いまも存続している会社はごくわずかしかない。

多くのファミリービジネスは、よく知られたパターンどおりの運命をたどった。初代が創業し、2代目が会社を引き継ぎ、3代目が潰すというパターンだ。

私の子ども時代に繁盛していた会社の中では、当時最大のウイスキーメーカーだったシーグラム社のケースが有名だ。モントリオールで会社を築いたのはサミュエル・ブロンフマン。一時は世界一の富豪と呼ばれた人物である。息子のエドガーは、拠点をニューヨークに移し、会社を存続させ、みずからの息子であるエドガー・ジュニアに道を譲った。しかし、3代目のエドガー・ジュニアは、映画づくりにのめり込んだ挙げ句、多くのビジネスを傘下に収めていたシーグラム帝国を解体に追いやってしまった。

親が「ビジネスの天才」だからといって、子どもが「ビジネスの天才」になれるとは限らない。資産を相続しただけではなんの保証にもならない。ファミリービジネスに活気をもたせるために欠かせない独創性とエネルギーの持ち主である保証もない。それなのに、周囲の人間が彼らの莫大な富を意識しておべっかを使う結果、しばしば思い上がり、大失敗をしでかすのだ。

新しいビジネスを築き、自分の会社を愛している起業家たちのことは、私も尊敬している。しかし、経営者が代替わりしたあとにしばしば起きる展開には、敬意をいだけない。

ここでフレッドを紹介しよう。ある日、シンガポールから突然やって来て、マネジメントとコミュニティシップについて話したいと言ってきた。聞いてみると、家業である大手海運会社の3代目の経営者だという。それを知って私は思った――「ああ、またこの手合いか」。

当日、フレッドはアシスタントに加えて、娘と弟を連れてやって来た。一目見て、私の印象は変わった。典型的な「3代目」とは違って見えた。私たちはすぐに打ち解け、一緒に夕食をとり、街に繰り出して楽しい時間を過ごすことができた。さて、フレッドの話とはなんだったのか。

本人の話によると、かつてのフレッドも私と同様、父親の会社を継ぐつもりはなかった。そこで、いくらか金を借りて隣国のマレーシアに移り、財を築いた。そのあとシンガポールに戻ると、ファミリービジネスの傘下の企業を一つずつ買収していき、ついにすべて買い取ってしまった。まさに起業家的な姿勢だ。フレッドはきょうだいたちと一緒に仕事をするつもりはなかったので、父親から事業を買うという形で、実質的に彼らを追い出したのだ。

息子に継がせたがる父親たち

ファミリービジネスの継承について、父親の視点から見てみよう。どうして、賢明な起業家たちの多くが後継者の選択で愚かな判断をしてしまうのか。なぜ、是が非でも自分の子どもを、とりわけ息子を跡継ぎにしたがるのか。わが子を後継者に据えるのは、6発中5発に弾が込められているロシアンルーレットに挑戦するくらい危険な賭けだ。

ある古い研究によると、起業家向きの資質は、母親が強く、父親が弱い家庭(父親が定職に就いていなかったり、酔っ払いだったり、蒸発していたり)ではぐくまれる場合が多いという。(注56) つねにそうとは限らないが、ありそうなパターンに思える。そのような家庭では、長男が父親代わりになり、強くて責任感ある人物として行動するようになるのかもしれない。こうした資質は、起業家が備えていて損はないものだ。そこで私は、息子を後継者にしたがる起業家に、「あなたのお父様は立派な実業家だったのですか」と尋ねる。すると、違うと答える人が多い。そこで、私はこう畳みかける。「では、なぜ息子さんが実業家として成功すると思うのですか」

もっと広い視野で人材を探せ

もちろん、息子は必ず失敗するとか、息子以外なら成功するとか、そんなことを言うつもりはない。むしろ、仕事に打ち込む親のそばでビジネスを学べば、経営者になるための有効なトレーニングになる可能性もある。最近は、息子ではなく、娘がビジネスに関心をもち、自然と後継者になるケースも増えてきた。これには、父親と娘の関係が父親と息子の関係とは異なることも影響しているのかもしれない。たとえば、父親は息子より娘の言葉によく耳を傾ける場合が多い（それなら、母親が起業家の場合は、息子のほうが後継者として適しているのだろうか）。

起業家の後継者選びでは、もっと広く網を投げることを考えてもよいのかもしれない。化学メーカー大手のデュポンが目覚ましい成功を収める過程では、経営者の甥たちが重要な役割を果たした。このような親族まで対象を拡大させれば、後継者候補の選択肢が大きく広がる。たとえば、イギリスの小売大手マークス＆スペンサーを成功に導いたのは、創業者の義理の息子だった。カナダの輸送用機器大手ボンバルディアも、創業者の義理の息子が経営していたときはうまくいっていた（その後、この人物の息子が経営を引き継いだ。結論を下すのはまだ早いが、いまのところ成績は芳しくない）。これはもしかすると、起業家の娘が父親と似た男性と結婚したがる結果なのかもしれない。

私が多くのファミリービジネスに好感をいだくのは、会社の根底にある精神が理由だ。多くのファミリービジネスは、顧客と社員に対して深い敬意をもっている。もちろん例外はあって、顧客と社員への敬意のかけらもない新興企業もある。それでも、ファミリービジネスは、社員を家族のように扱っている場合が多い。ファミリーの精神は、その一族だけでなく、社員や経済全体にも好影響をもたらす。

しかし、こうした美点があるからといって、継承の問題がなくなるわけではない。創業者が去るときになって、子どもの中に優れた後継者候補が見当たらない場合は、どうすればよいのだろう。最近は、ＩＰＯ（新規株式公開）、つまり株式上場する企業が多いが、お粗末な結果を招くケースが多い。少なくとも、ファミリービジネスの精神はほとんど失われる。株式を長く保有するつもりのない投資家やアナリストの手にかかれば、創業の精神はたちまち壊されてしまう。この人たちが重んじる価値は「株主価値」だけで、株価を引き上げることにしか関心がないからだ。

ＩＰＯに代わる有効な方法がある。それについてはあとで論じるが、ここでは以下の点だけ指摘しておこう。活力ある経済をはぐくむのは、新しいものを築く人たちであって、既得権にしがみつく人たちではない。そして、民主的な社会の土台を強化するのは、みずからの才覚で成功する人たちであって、生まれながらの特権で地位を手にする人たちではない。必要なのは、（たとえそれが、一族のビジネスを買収することであったとしても）進むべき道をみずから切り開く人たちなのである。

30 グローバルよりワールドリーはいかが？

私たちは、これ以上の「グローバリゼーション」を必要としているのだろうか。それよりも、もっと「ワールドリー」であること、つまり広い視野をもつことを目指したほうがよいのではないか。

私たちが設立した「国際マネジメント実務修士課程」（IMPM）では、「広い視野のマインドセット」をテーマにした10日間のモジュール（前の章で取り上げた）で、会社を取り巻く社会的・政治的・経済的環境に目を向けている。私たちが「広い視野《ワールドリー》」という言葉を用いるのは、プログラムを終えたマネジャーたちに画一的なグローバル思考ではなく、自分なりの「広い視野」をもたせたいと考えているからだ。

「グローバル」という概念には、ある種の均質化を強いる面がある。誰もが同じ主義主張と手法とスタイルに従うことが期待される。イノベーションを促進したいという企業は多いが、グローバルであることはそのために有効なのか。イノベーションを目指すのなら、マネジャーの均質性より個性を尊重すべきだろう。

ポケット・オックスフォード英語辞典で「グローバル」（global）と「ワールドリー」（worldly）の違いを見てみよう。

global：［形容詞］ 1．世界規模の…… 2．すべてを包括する
worldly：［形容詞］ 1．この世の、現世の、実世界の…… 2．人生経験が豊富な、世情に通じた、実務能力に長けた

つまり、「グローバル」は、地球全体を「すべて包括」することを表すのに対し、「ワールドリー」は、「人生経験」と「実務能力」があり、「実世界」と密接に結びついていることを表す。すでに述べたことだが、重要なことなのでもう一度繰り返そう。物事の全体像という「大きな絵」は、高い場所から見下ろして描く必要は必ずしもない。それよりも、地べたでの経験を通じて描き上げていくほうが好ましい場合もある。

ＩＭＰＭでは、広い視野のマインドセットをテーマにしたモジュールをインド経営大学院バンガロール校で実施している。この開催地の選択は偶然ではない。インド人以外の参加者にとって、インドはいわば別世界だ。異空間と言ってもよいかもしれない。ＩＭＰＭの初年度に、私はルフトハンザ航空のアメリカ人マネジャーであるジェーン・マクローリ

ーと一緒にバンガロールでタクシーに乗った。彼女の怖がる様子を見て、三輪タクシーではなく乗用車のタクシーにしておいてよかったと感じたものだ。

数日後、彼女はインド人教員の一人に尋ねた。「こんなに大量の自動車が無秩序に行き交う中で、どうすれば車を運転できるんですか」

するとインド人教員はこともなげにこう答えた。「流れに身を任せればいいんですよ」

私たちの目には無秩序状態に見える世界にも、それなりの秩序がある。それを知ることが広い視野のマインドセットに結びつく。

ＩＭＰＭでインドを訪れるマネジャーは、異国を観光する見物人でいることは許されない。インド人参加者の家に泊めてもらい、一緒に生活する（別のモジュールが自国で開催されるときは、他国出身の参加者を家に泊める）。最近、このモジュールでインド人のスリニヴァサン教授が「ビジネスの文化的側面」と題して講演し、冒頭でこう語りかけた。「インド人である私と同じ視点でインドを見てほしいと思います」。これも、広い視野のマインドセットの実践と言える。

私たちはビジネスのグローバル化をよく話題にするが、実際にはどのくらい「グローバル」になっているのだろう。私は世界のさまざまな国でマネジャーたちに講義する際、売り上げの半分以上を本国以外で得ている企業の人に手を挙げてほしいと言う。挙がる手の数は思いのほか少ない。小売り、銀行、食品、不動産などは特に「ローカル」な業種だ。

いわゆる「グローバル企業」の本社で働いている人の多くも、自国の思考様式で動いている。CEOもその例外ではない。どんなに多くの時間を海外出張に費やしていようと、この傾向から逃れることは難しい。しかし、企業に必要なのは、世界を漫遊して自国のローカルな思考様式に基づく言葉を語るマネジャーではない。求められているのは、世界でも、自社のオフィスの中でも、広い視野に基づく思考なのだ。

マネジャーがそのようなマインドセットの担い手になるためには、異なる世界を受け入れなくてはならない。T・S・エリオットの詩「リトル・ギディング」の有名な一節の精神を実践する必要があるのだ。そのくだりを引用しよう。

私たちは探検をやめない。
探検の旅が終わり、
出発した場所に帰ったとき、
私たちはその場所を初めて知る。(注57)

31 ── 誰が病院をマネジメントできるのか

病院などの医療機関のマネジメントは、誰が担うべきなのか──この問題をめぐる議論は尽きない。(注58)医師が適任なのか。それとも看護師が望ましいのか。あるいは、プロのマネジャーが務めるべきなのか。

医師は治療を重んじ、看護師は患者のケアに詳しく、プロのマネジャーは物事をコントロールすることを得意としている。問題は、この3つすべてに精通している人などいないことだ。そう考えると、どのタイプの人も不適任に思えてくる。しかし、私に言わせれば、この問い自体が間違っている。

いわゆるプロのマネジャー、つまりあらゆるものをマネジメントできる資質の持ち主という触れ込みの人たちは、本書でたびたびやり玉に挙げてきた。現場と切り離された環境で経営管理を学んでも、落とし穴でいっぱいの実務の世界で成功するのに必要な資質は身につかない。

マネジメントは、サイエンスの要素が乏しいため、プロの専門家が担うのに適していない。企業などの組織を蝕む病と治療法は明確に特定されていないため、マネジメントをおこなうには、サイエンスの要素だけでなく、経験に土台を置いたクラフト（技）の要素と、洞察に基づくアートの要素が不可欠だ。理屈や知識よりも、直感的理解のほうが重要なのである。

では、プロ経営者が適任でないとすれば、医師はどうか。医師は、医療行為について直感的に理解しているし、人々から耳を貸してもらえるだけの権威もある。それに、そもそも病院とは医療行為をおこなう場所だ。こうした点では、医師こそ適任に思える。しかし、医療機関のマネジメントは、医学の知識があるだけでは務まらない。むしろ、医療という行為の性格はマネジメントの対極にあるように思える。

まず、医師は基本的に単独で行動する訓練を受けている。強い決断力をもって一人で行動するし、患者と向き合っているときはつねに明確な決断を下す（「何もしない」というのも一つの決断だ）。それに対し、マネジメントにおける意思決定はもっと曖昧な側面が大きく、大勢の人間の協働という性格も強い。

以前見た漫画に、麻酔で眠らされた患者を数人の外科医が取り囲んでいる絵に、「誰が切る？」という文が添えられているものがあった。医療の現場では普通ありえないことだから漫画になるわけだが、マネジメントの現場ではつねに持ち上がる重要な問題だ。

また、医師の仕事では、継続的なケアよりも介入的な治療の比重が大きい。それに、医師は概して全体よりも部分に注目し（患者の全身よりも特定の部位や臓器を治療する）、サイエンスとエビデンス（科学的根拠）に重きを置く。こうした傾向を考えると、医師に病院のマネジメントを委ねることには不安を覚えずにいられない。

残るは看護師だ。看護師の仕事は、医師よりもさらに直感的要素が大きく、対象と深く関わり、協働的な性格が強く、一人の人間としての患者に寄り添っていると言えるだろう。しかも、ときおり治療行為をおこなうことではなく継続的にケアすることが仕事で、チームワークが重んじられる。その意味では、少なくとも一部の看護師は、医師よりも病院のマネジメントに適している。しかし、看護師にマネジメントされることを医師が受け入れるだろうか。

そう、結論は明らかだろう。病院のマネジメントなんて、とうてい誰にもできないのだ！　総合病院のマネジメントに比べれば、少々複雑でも企業のマネジメントなど簡単なものだ。

病院には、病んだ患者と不安な家族、そして自己主張の強い医師たちと悩める看護師たちがいて、寄付者は口出しする気満々で、政治家はスタンドプレーに精を出す。しかも、コストは膨張し、テクノロジーは日々進化している。そのすべてが、患者の命がかかっている環境で起きているのだ。

それでも、病院をはじめとする医療機関はなんとかマネジメントされている。良好にマネジメントされていることもある。そう考えれば、「誰が病院をマネジメントできるのか」という問いの答えははっきりしている。職種などのカテゴリーで判断すべきではない、ということだ。

病院長として名声を得ている医師は大勢いる（モントリオールで指折りの名院長との呼び声が高い人物は、ＭＢＡを取得している産科医だ）。同じように、病院のマネジメントで傑出した成果を挙げている看護師もいる。チャンスさえ与えられれば、同じように成功できる看護師はもっと大勢いるに違いない。

私個人としては、病院の実務に携わっていた人がマネジャーになるのが好ましいと思っている。看護師でも医師でもよいし、ソーシャルワーカーやそのほかの医療専門職でもよい。マネジャー選びでは、広く網を投げたほうが成功の確率が高まるのだ。

32
政府のマネジメントに必要なガバナンス

政府《ガバメント》をマネジメントする必要があることは間違いないが、そのマネジメントには適切な統制《ガバナンス》が不可欠だ。官僚機構の好き勝手にさせてはならないし、ましてや「ニュー・パブリック・マネジメント」（ＮＰＭ）と称して流行のビジネス手法を模倣することを容認すべきではない。企業を政府のように運営すべきでないのと同じように、政府を企業のように運営すべきでもないからだ。

ＮＰＭの考え方自体は目新しいものではない。始まりは、１９８０年代イギリスのマーガレット・サッチャー政権だった。影響力の強い人の中には、いまだにこの手法を「唯一で最善の方法」と信じている人が多い。

しかし、すでに述べたように、あらゆるものをマネジメントする「唯一で最善の方法」など存在しない。「唯一で最善の方法」があるという思い込みは、企業ばかりでなく、多くの政府機関、さらには病院やＮＧＯにも大きなダメージを与えてきた。流行のビジネス手法を採用したために、イノベーションが阻害されたり、組織文化が破壊されたり、社員のやる気が損なわれたりしているケースが多い（この点については、本書のあちこちで述べているとおりだ）。

NPMの本質は次のように整理することができる。

1 公共サービスの個別の要素を取り出す。
2 それぞれを一人のマネジャーが運営できるようにする。
3 その人物に数値計測可能な指標の達成を義務づける。
4 公共サービスの対象者を「顧客」と位置づける。

以下、具体的に見ていこう。

私は政府の「顧客」なのか

私を政府の「顧客」と位置づけることは、勘弁してほしい。私は、「買い主危険負担の原則」の下で、警察や外交などのサービスを市場で購入したいとは思わない。この原則が適用されると、購入したものの品質に問題があっても買い手の責任とみなされてしまう。そんな「顧客」にならなければ、政府からまっとうな扱いを受けることができないとでも言うのか。近年、一部の金融機関や航空会社が「顧客」をどのように扱っているかをよく見てほしい。

私は顧客ではなく市民だ。単なる顧客以上の扱いを受ける権利がある。なんと言っても「私の政府」なのだから。その一方で、王政の国家であれ、共和制の国家であれ、人は国の支配を受ける存在でもあり、国に対して果たすべき責任を負っている。たとえば、マクドナルドでトレーを片づけなくても許されるが、公園にゴミを捨てれば処罰の対象になりうる。この点で、私たちは「顧客」ではない。徴兵された人は、軍隊の「顧客」ではない。刑務所に収監された人は、刑務所の「顧客」ではない。国営の宝くじを購入すれば政府の「顧客」と言えるかもしれないが、私に宝くじの購入を促すのは政府の仕事ではない。政府を企業のように考えることは、政府が存在する意味を貶めることになる。

公共サービスの個別の要素を取り出して、マネジャーに責任をもたせることは可能なのか

それが可能な場合もあるだろう。宝くじの場合がそうだ。でも、国防や外交は？　医薬品大手のジョンソン・エンド・ジョンソン（J&J）は、解熱鎮痛剤のタイレノールと痔治療薬のアヌソールを別々のブランドマネジャーに任せることができるだろうが、政府が

戦争の遂行と和平の協議を別々のブランドマネジャーに任せるわけにはいかない。

もちろん、別々の担当者を任命することはできるが、それぞれの業務を政府のほかの活動と切り離し、その成否に関して個人に責任を問うことはできない。政府のさまざまな活動は互いに密接に絡み合っていて、切り離すことができないからだ。うんざりするほど複雑に結びついていることもある。

それに、行政サービスの意思決定を政府から切り離すことは、口で言うほど簡単ではない。確かに、政治家が行政に口出ししすぎることは好ましくない。特に利権がからむ場合はそうだ。しかし、警察の人権侵害に抗議して市民が道路を埋めつくしているときに、政治家が関与しないなどということは許されない。

政治家が計画を立てて法律をつくり、官僚がそれを忠実に実行するという見方は、物事を単純化しすぎている。政府は数々の曖昧なことに対処しなくてはならないので、戦略や政策を「計画」するのではなく、企業以上に、実行しながら「学習」していく必要がある。問題は、政治の構造がそれを許すかどうかだ。新しい法律が機能するためには、現場の人たちがそれに適応しなくてはならない。政治家が決めて官僚がそのとおりに実行するというモデルを前提にすれば、不適切な状況かもしれないが、それが現実なのだ。

政府の活動に関して数値指標はどのくらい有効なのか

ＮＰＭの世界では、数値計測への信奉が宗教の域に達している。そのような姿勢が、教育や医療など、多くの領域に計り知れないダメージを与えてきた。

もちろん、数値計測できるものは数値計測すればよいが、重要なものはすべて数値で測れるという思い込みは捨てたほうがよい。改めて考えてみると、政府の活動は、成果を数値で測るのが難しいからこそ政府の役割とされている場合が多い。数値計測できないものはマネジメントできないとすれば、政府を閉鎖するほかなくなる。

もし今度、公務員から「お客様」と呼ばれたり、人格をもたない数字の中に押し込められたり、政府機関で「ＣＥＯ」を名乗る人物と出くわしたり、選挙の立候補者が「政府を企業のように運営すべきだ」と主張するのを聞いたりしたら、このストーリーを紹介してやってほしい。（注59）

第6章 責任の話

意見を述べようと思って起立したのに、
順番を待つようにと言われた。
不詳

33 CEOから取締役会への(遅すぎた)手紙

親愛なる取締役各位

　みなさんに一つの提案をするために、この手紙を書いています。私の提案は一見すると過激に思えるかもしれませんが、実はいたって「保守的」なものです。それが「保守的」だというのは、わが社を健全な企業として「保守」することが最高経営責任者である私の最大の責任だからです。

　さて、みなさんが私に支払っている報酬が多すぎるために、私は会社を適切にマネジメントできなくなっています。そこで、私の報酬を大幅に引き下げ、ボーナスをすべて廃止することを求めます。

　わが社では、チームワークの重要性を強調してきました。全員で全力を尽くそうという話だったはずです。それなら、どうして私だけ突出して多くの報酬を受け取っているのでしょう。特に、巨額のボーナスは最悪です。自分の仕事を適切に遂行するために雇われているという点では、私もほかの社員と変わりません。では、どうして私だけ、質の高い仕事をするために莫大な報酬を支払われる必要があるのでしょうか。

もし私が会社の将来性を信じているのなら、会社の株式を買えばよい。将来性を信じられないのなら、職を辞すべきです。私に巨額のボーナスを支払うという選択の根底にあるのは、CEOが一人ですべてを実行するという誤った前提です。

私の元には、私の報酬が多すぎるという社員の怨嗟の声がメールで寄せられています。私は心穏やかでいられません。しかし、それ以上に困ったのは、そうした声に対して筋道の通った反論ができないことです。一般社員より私のほうが数百倍も重要な人物なのだと強弁するほかない。これはリーダーシップのあるべき姿ではありません。そんなことでは、会社の経営はできないのです。

私たちは、取締役会で会社の長期的な未来について多くの議論を重ねてきました。それなのに、どうして私は目先の株価を基準に報酬を支払われるのでしょうか。みなさんもご存じのように、私がボーナス目当てに株価を引き上げようと思えば、小細工はいくらでもできます。しかし、そのような行動は、会社の持続可能性に悪影響を及ぼします。

そんなナンセンスな「株主価値」に血道を上げはじめて以来、わが社の企業文化は地に落ちました。現場の社員たちによれば、それが顧客への奉仕の妨げになっているとのことです。顧客を人として見るのではなく、ドルのマークとして見ることを強いられているからです。その結果、多くの社員は顧客を大事にしなくなっている。ある社員に最近言われました。「数字ばかりが重要視され、私たち社員は重要ではなくなってしまいました。顧客を大切にする気持ちなど、なくなって当然です」

私は常々、自分がリスクを恐れない人間であることを誇りにしてきました。みなさんが私をこの職に任命した理由の一つも、その点にあったはずです。それなのに私は、株価が上昇したら莫大なボーナスを受け取り、株価が下がっても金を返さなくても許されます。なんと立派なリスクテイカーでしょうか。正直言って、そんな矛盾した存在であり続けることにうんざりしてきました。

この点に関しては、おなじみの言い訳があります。ほかの会社のCEOと釣り合うように多額の報酬が支払われている、というものです。しかし、他社の先例に従うのであれば、私はリーダーではなくフォロワーになってしまいます。明らかに不当な状況に加担し続けることはもうたくさんです。私の報酬額は、対外的に誇示するトロフィーではなく、どのような企業文化を築きたいかを社内に示すシグナルであるべきだと思います。

私がわが社を正しくマネジメントすることに集中できるように、どうか力を貸してください。

敬具

口先だけのギャンブラー

一部のCEOは、ギャンブルに関わる比喩表現を好む傾向がある。たとえば、リスクを伴う行動で勝負に出ることを、「掛け金を倍に増やす《ダブル・ダウン》」などと言ったりする。そこで、CEOたちのギャンブラーぶりを詳しく見てみよう。

❶CEOは、他人の金でギャンブルをする。
うまくいけば、おいしい商売だ。

❷CEOは、勝ったときではなく、勝ちそうに見えた時点で金を受け取る。
誰が勝つかはゲームの終わりまでわからないが、CEOはゲームの途中で金を受け取る。ポーカーで言えば、ほかのプレーヤーの持ち札がわからないのに、手元にエースが2枚あるだけで大金を獲得するようなものだ。

❸CEOは、負けても金を受け取る。
これは、本当のギャンブルではありえないことだ。しかし、ビジネスの世界では、役員が解任された場合に割増しされた退職金を受け取れる仕組みがしばしば採用されている（「ゴールデン・パラシュート」と呼ばれる）。

❹CEOは、ギャンブルをしただけで金を受け取ることもある。
手札にエースがあることを示す必要すらない。マネジメントは上手にできなくても、報酬を確保することに傑出した才能を発揮する人たちもいる。たとえば、大規模な企業買収の契約をまとめただけでボーナスを獲得したりする。その時点では、買収がうまくいくかはまだ誰もわからないのだが（というより、ほとんどの場合は成功しない）。

❺CEOは、プレーを続けるだけでも金を受け取れる。
CEOの職にとどまり続けることで特別の一時金を受け取れる「リテンション・ボーナス」という制度を設けている企業をよく見かける。辞めなかったというだけの理由でボーナスが支給されるのだ。これほどおいしい話はない。

34 「ダウンサイジング」という名の犯罪

2世紀前まで、瀉血《しゃけつ》、すなわち血液を体外に吸い出すことは、あらゆる病気の治療法としてきわめて一般的だった。ほかの治療法を思いつかないとき、医師はしばしば瀉血をおこない、結果として患者を死なせてしまうこともあった。いまは、そんな愚かな慣習はなくなった——医学の世界では。

問題は、マネジメントの世界では瀉血のような行為がいまもまかり通っていることだ。というより、全盛を極めている。どうすれば自社の問題を解決できるかわからない企業幹部は、瀉血さながらに大勢の社員を辞めさせ、自社や社会全体の文化をぶち壊してしまう。このような行為は、「ダウンサイジング」という当たり障りのない名前で呼ばれている。しかし、それが人々の生活を破壊することは紛れもない事実だ。どの会社でもやっているからといって、それが正当化されるのか。そのような姿勢をリーダーシップと呼べるのか。

ビジネス界でダウンサイジングが全盛なのは、それがお手軽だからだ。経営者は、ピラミッド型組織のてっぺんに座ったまま、整理する人数（たいてい数千人単位）を言い渡すだけでよい。その先のやっかいな仕事と罪悪感は、ミドルマネジャーと現場マネジャーに押しつける。言い渡された数字を現実に転換し、社員の人生をめちゃくちゃにするのは、CEOの部下であるマネジャーたちの役目なのだ。整理の対象になる社員は、悪いことなど何もしていない。単に不適切な会社で働いていただけだ。それでも、職場を去らなくてはならない。整理された社員と家族は不安に苛まれることになる。

もちろん、残された社員も万々歳というわけではない。整理を免れた「人的資源」たちは、去っていった同僚たちの穴埋めをするために、それまでよりも過酷な労働を強いられる。給料も下げられることが多い。やがて燃え尽きてしまう人も少なくない。社員が仕事に対していだく誇り、会社への献身、顧客への敬意には、途方もないダメージが及ぶ。

しかし、誰に文句を言えばよいのか。経済環境が厳しいご時世に、職があるだけでもありがたく思えと言われかねない。そこで、表立っては不平不満を言わず、なるべく目立たないようにして日々を過ごす。へたをすれば、次の人員整理で標的にされかねないからだ。これほど、経済から起業家精神を奪う状況はないだろう。

確かに、会社が深刻な危機に陥っているときは、一部の人の職を守るためにほかの一部の人の職をなくすほかない。しかし、ダウンサイジングは概して、そのような意図で実行されるわけではない。多くの場合、高給取りの幹部たちがボーナスを確保するために実行される。企業の業績が目標の数字に到達しない可能性が見えてくると、ウォール街の貪欲なオオカミたちが近寄ってきて、社員の首を欲しがりはじめる。その要求に応えれば、会社の人件費が減り、利益が増える。少なくとも、内情を知っている人たちが持ち株を売却して逃げおおせるのに十分な時間を稼げる。

だいたい、ある日突然、何千人もの社員が余剰人員に変わることなどありうるのか。数週間前には、誰もその余剰に気づかなかったのだろうか。そのとき、会社のマネジメントを担っていたのは、どこの誰なのか。それは、ダウンサイジングを決定した当の経営幹部だろう。そのことだけ見ても、マネジャーが無能なことは明らかだ。

マネジャーたちは、自分が引き起こした問題や目を背けてきた問題をダウンサイジングによって覆い隠そうとするが、解決しようとはしない。そう考えると、ダウンサイジングされるべきなのは、ダウンサイジングを推進しようとする人たちだ。死刑執行人こそ、死刑を執行されるべきなのである。

ある小さな物語

昔、ある大手出版グループの編集長が、経営トップから、スタッフを10％削減するよう命じられた。全部門に同じ指示が出されていたが、この編集長は抵抗した。彼の部門の事業は順調だったし、余剰人員もいない。それどころか、増員を約束されていた。無駄なスタッフがいない以上、指示どおりに人員を削減すれば、事業に不可欠な人まで辞めさせなくてはならなくなる。

この編集長は最終的に、グループの最高責任者と対峙することになった（その人物は出版業界の大物だったが、のちに失脚して文字どおり転落した）。その場で、改めて言い渡された――スタッフを10％解雇しないなら、あなたに辞めてもらう、と。彼は命令を突っぱね、首になった。適切なマネジメントを実行して罰を受けたのである。

その後、その編集長は新しい出版社を設立し、出版社にふさわしいと信じる経営をおこなった。彼の新しい会社は、出版業界で名声を得るようになった。社員は、売り上げより書籍を、「株主価値」より出版理念を、著者の知名度より主張の内容を大切にしている。この会社は、強い参加意識をもった人たちが集まるコミュニティのような職場だ。社員の転退職率は低く、やる気も強い。

資金調達をした際は、IPO（イニシャル・パブリック・オファリング＝新規株式公開）ならぬIAO（イニシャル・オーサー・オファリング）をおこなった。著者向けの株式を発行し、著者（およびその他の利害関係者）が希望すれば株式を購入できるようにしたのだ。すると、60人もの著者がこの申し出に応じた。これにより、同社はウォール街のオオカミたちを寄せつけずに済んでいる。厳しい環境にある出版業界にあって、この出版社、ベレット・ケーラー社は好調な経営を続けてきた。同社は、いまあなたが読んでいるこの本の英語版など、私の6つの著書の発行元である。

35 生産的な生産性向上と非生産的な生産性向上

カナダ人の私は、カナダ経済の生産性が低いというエコノミストたちの主張にうんざりしている。実際には、カナダの経済は非常に好調だ。きわめて生産性が高いという触れ込みの南の隣国、すなわちアメリカの経済よりはるかにうまくいっている。もしかすると、生産性という考え方そのものに非生産的な面があるのではないか。

この問いの答えはイエスだ。生産性には生産的な生産性と非生産的な生産性の2種類があるが、エコノミストたちはこの違いを理解していない。

エコノミストは、労働投入量に対する産出量の比率に着目し、その比率が高まれば生産性が向上したと評価する。その前提にあるのは、生産性が向上するのは、働き手のスキルが高まったか、高性能の機械が導入されたか、ビジネスの手法が改善したときだという考え方だ。確かにそのようなケースもあるが、そうでないケースもある。現実には、生産性の向上がつねにそうした好材料のもたらす結果だとはとうてい言えない。むしろ、破壊的な現象が生産性向上をもたらすケースが増えている。

エコノミストが見るのはあくまでも抽象的な数字だが、実際にビジネスをおこなっているのは企業だ。統計データを用いる人間がデータの出所をよく理解していなければ、危険が生じかねない。架空の話とも言いきれない例をもとに考えてみよう。

あなたは、あるメーカーのCEOだ。どのライバル企業よりも生産性の高い会社を築きたいと思っている。どうすればよいか。工場の従業員をすべて解雇し、在庫を取り崩して注文に応じればよい。そうすれば、労働コストを下げ、売り上げを維持できる。エコノミストに聞けば、生産性が高まったと認めてくれるだろう。会社にとっても悪い状況ではない——在庫が底を突くまでは。

これは極端だとしても、同様の発想により生産性を高める方法はたくさんある。研究開発費や生産設備の維持管理費を削減したり、製品の品質を落としたりすればよいのだ。長い目で見れば会社にダメージがあるが、いずれも目先のコストを減らして「生産性」を上げることができる。社員の訓練や業務プロセスの改善、新製品の開発などに比べれば、簡単で手っ取り早いため、好まれることが多い。

多くの企業がこの類いの手法を実践すれば、どうなるか。経済は活力を失い、社会は壊滅に向かうだろう。

36 単なるスキャンダルではない。社会が病んでいる

フォルクスワーゲンはいったい何を考えていたのか――2015年に同社の排ガス不正問題が発覚したとき、カナダの新聞社からこのテーマで論説の寄稿を依頼された。環境規制をすり抜けるために、同社はディーゼル自動車の有害物質排出量の数値を不正に操作していた。

この問いは、同社の人たちが実際に何かを考えていたという前提に立っている。しかし、彼らは貪欲な利益追求以外のことを何か考えていたのだろうか。自社の未来を、良識ある企業行動のことを、そして地球のことを考えていたのだろうか。

このスキャンダルを知ったとき、フォルクスワーゲンの車は二度と買わないと決めた人も多いだろう。では、シボレーの車を買うのか。しかし、近年発覚した問題を考えると、シボレーの車に乗るのならイグニッションキーに不具合がないか気をつけなくてはならない。では、トヨタ車を買うのか。その場合は、エアバッグが誤作動したときに身をかわす準備をしておかなくてはならない。

ヨーロッパとアメリカ、そしてそのほかの多くの国で、いま何かが起きている。自動車産業以外にも腐敗が広がっているのだ。金融産業でもスキャンダルが後を絶たない。たとえば、投資銀行大手のゴールドマン・サックスは、再生アルミニウムを倉庫間で移動させるだけで50億ドルを儲けていたとされる。この件について、同社は法律に反することはいっさいしていないと主張した。しかし、これが法律違反でないことこそが問題なのだ。(注60)

旅客航空の分野では、予約していた座席のキャンセルに応じなかった乗客を無理やり引きずり降ろした航空会社があった。別の航空会社は、滑走路が使えないという理由で何便か運航を取りやめたが、実は「ビジネス上の理由」による判断だったことがあとで明るみに出た。これが「ビジネス」というものなのか。

以上のケースに共通するパターンにお気づきだろうか。

問題は、一部の悪徳企業が犯罪に手を染めているとか、警察や司法がホワイトカラーの犯罪を適切に取り締まっていないとか、そういうことではない。近年、企業の活動の多くが合法的に腐敗していることが問題なのだ。

しかも、これは企業だけの問題ではない。大学教授が、人の命を左右する薬品を法外な価格で販売している製薬会社と癒着しているケースもある。経済学者の中には、このような不当な状況を生み出していても市場を絶対視して譲らない者もいる。なんと立派な市場だろう！　製薬会社は、特許権のおかげで独占的な地位を築いて莫大な利益を挙げている。製薬会社に特許権を認めている政府は、責任をもって薬品価格を規制することもしない。

これは当然の結果だ。アメリカでは、連邦最高裁判所が賄賂を合法化しているのだ。企業は、自社にとって都合のよい候補者の選挙運動にいくらでも献金できる。そして、それと引き換えに有利な扱いを受け、途方もない恩恵に浴している。こうしたことがまかり通っているために、投資家が莫大な利益を手にする一方で、高価な薬品を利用できずに死んでいく人たちがいる。本来、製薬会社が妥当な水準の利益を得つつ、患者に手の届く金額で薬品を販売することは可能なはずだ。こんな状況を許しているのは、どのような社会なのか。それは、いま私たちが生きているこの社会だ。

そろそろパターンが見えてきただろうか。これらは、単なる突発的なスキャンダルではない。社会全体が病んでいるのだ。いま手を打たない限り、この病気はますます悪化するだろう。（注61）

なぜ、私たちは問題の根本的な「原因」をなくそうとするより、表面に表れる「症状」に関心を払うのか。たとえば、医療の分野でも、病気を予防するのではなく、病気になってから治療することに熱心なように見える（ポリオを治療するのではなく根絶するためにワクチンを開発したジョナス・ソークは、注目すべき例外と言える）。

37 「CSR2・0」の時代へ

CSR0・0、CSR1・0、CSR2・0……

これと同じことが企業の社会的責任（CSR）にも言える。社会や地球環境を苦しめている「症状」に対処する企業は、社会的責任を果たしているとみなされる。だが、そうした症状の「原因」を是正しようとする企業があれば、もっと責任を果たしていると言えるのではないか。ゴミのリサイクル方法を改善するのは立派なことだが、ゴミの量を減らせればもっとよい。

もちろん、明らかに悪いのは、環境に配慮しているかのように擬装する、いわゆる「グリーンウォッシング」だ。そのような行為は、「企業の社会的無責任」（ＣＳＩ：Corporate Social Irresponsibility）とでも呼んだほうがよい。

近年は、こうしたＣＳＩの実例があふれている。たとえば、金融機関は選挙資金の献金という形で政治家に巨額の賄賂を贈る一方で、顧客が求めてもいない口座を無断で開設したりしている。

企業の無責任な行動を「ＣＳＩ０・０」、症状に対処するのを「ＣＳＲ１・０」、問題の原因を本格的に解消しようとするのを「ＣＳＲ２・０」と呼ぶことにしよう。ダメージの制御に貢献しているという点ではＣＳＲ１・０にも意義はあるが、ダメージの除去を目指すＣＳＲ２・０のほうが素晴らしい。私たちの社会には、もっと真剣なＣＳＲがもっとたくさん必要だ。

問題の根本原因はバランスの欠如だ

いま私たちが直面している大きな問題は、多くの場合、社会の不均衡が根本原因だと、私は考えている。地球温暖化もそうだし、所得の不平等もそうだ。前著『私たちはどこまで資本主義に従うのか』（邦訳・ダイヤモンド社）では、社会がそうした不均衡の拡大へと一気に突き進むことになった転換点は、ベルリンの壁が崩壊した１９８９年だったと指

摘した。(注62)

当時、アメリカや西欧の有識者たちは、資本主義が共産主義に勝利したと言っていた。しかし、この見方は間違っている。バランスの取れた社会がアンバランスな社会に勝利したというのが正しい。健全な社会では、政府部門における行政機関の力と、民間部門における企業の商業的利益と、多元部門（市民社会）における市民の共同体的関心という3つのバランスが取れている。東ヨーロッパの共産主義体制では、政府部門の力が強すぎて、このバランスが大きく崩れていた。西側の民主主義国は、それに比べて3つのバランスが取れていたのだ。

しかし、1989年に資本主義が勝利したという誤った認識が生まれたために、多くの民主主義国では、民間部門の力が強まりすぎてバランスが損なわれていった。

産業界は、そのプロセスの罪なき傍観者とは言いがたい。企業は政界へのロビー活動やCSI的な活動に手を染めているだけでなく、化石燃料を大量に使用して地球温暖化に拍車をかけたり、「もっと多く」を求め続ける株式市場の圧力を受けて過剰な消費を助長したりしている。その陰で、多くの労働者は、所得が減り、権利を奪われている。今日、価値があるのは「株主価値」だけという状況になってしまった。

形容詞つきの資本主義？

ビジネスパーソンの間で人気がある解決策は、資本主義に修正を加えるというものだ。昨今、さまざまな「形容詞つき」の資本主義が提唱されている。持続可能《サステナブル》な資本主義、良識《コンシャス》のある資本主義、包摂的《インクルーシブ》な資本主義、民主的《デモクラティック》な資本主義……といった具合だ（民主主義が資本主義の修飾語扱いとは恐れ入った）。

風力発電の効率を高めるなど、「よいことをして利益を挙げる」のは素晴らしい。問題は、「悪いことをして利益を挙げる」企業や、「何もせずに利益を挙げる」企業が多いことだ。今日の世界は、利益と社会貢献が両立する理想の世界にはほど遠い。

資本主義になんらかの修正が必要なことは間違いない。しかし、それよりも抜本的な修正が必要なのは私たちの社会だ。公共の領域にしゃしゃり出ている資本主義を、本来の持ち場である市場の領域に押し戻す必要がある。

責任ある態度

では、責任感ある企業はどのような行動を取ればよいのか。ＣＳＲ２・０を実践するだけでなく、ほかの企業の悪質な行動も阻止すべきだ。そのような行動を禁止する法律の制定を後押しするのは、そのための最も有効な方法だろう。民間部門が、ほかの部門と対等なパートナーとしてもっと協働することも必要だ。

古いビジネスのやり方はもうたくさんだ。とりわけ、ＣＳＩ０・０はもういらない。ＣＳＲ１・０でも不十分だ。ＣＳＲ２・０へ移行すべき時期に来ている。私たち市民一人ひとりが、隣人とともに、ビジネスの場でも、それ以外の場でも、いま以上に責任ある行動を取らなくてはならない。

第7章 未来の話

これは終わりではない。
終わりの始まりですらない。おそらく、
始まりの終わりなのだ。
ウィンストン・チャーチル（イギリス首相、1942年）

38 平凡な創造性がもつ非凡な力

チャイコフスキーの「バイオリン協奏曲」は心震える傑作だ。このような名曲を生み出せる創造性の持ち主がこの世にどれだけいるだろう。しかし、創造性にはこれとは別の、誰もが発揮できるタイプのものもある。この種の創造性は、いたるところで実践されている。しかも、それが目覚ましい成果を生む場合もある。ちょっとした発想の転換で、世界の様相が一変することもあるのだ。

以前、こんなジョークを聞いたことがある。

「死ぬときは、眠ったまま息を引き取った祖父のように死にたいものだ。自動車事故で叫びながら死にたくはない」。そう聞けば誰もが、ベッドに横たわる老人の安らかな死を思い浮かべるだろう。だが、そうではない。老人はみずからの居眠り運転が引き起こした交通事故で死んだのだ。

多くのジョークの根本には、ちょっとした発想の転換がある。

もちろん、ジョークで世界が変わることはないだろう。その点では、チャイコフスキーの音楽も同じだ。けれども、ジョークを思いつく人なら、ちょっとした発想の転換はできる。そして、それが世界を変えることがあるかもしれない。

そんな小さな発想の転換の一例を紹介しよう。時は1928年。医師のアレクサンダー・フレミングは、ロンドンの研究所で抗菌薬の研究にいそしんでいた。ある日、ペトリ皿の上にカビが発生し、その周囲だけ細菌が死んでいることに気づいた。「奇妙だな」と、フレミングは思った。このようなサンプルはさっさと捨てて、次の実験に進むのが普通だ。

実際、フレミングも最初はそうした。しかし、同僚との会話をきっかけに、ふと思い立ってそのサンプルをゴミ箱から取り出した。ひょっとして、このカビを活用すれば、病原菌を殺せるのではないか。これが決定的な転換点になった。このとき、フレミングはちょっとした発想の転換をおこなった。それを境に、ゴミに見えていたものが宝の山に変わったのである。

この世界初の抗生物質ペニシリンが医療に用いられるまでには、さらに多くの努力と長い年月を要した（14年かかった）。フレミングはのちにこう振り返っている。「1928年9月28日の夜明けに目覚めたとき、世界最初の抗生物質を見いだして医学界に革命を起こすことになろうとは思ってもいなかった（注63）」。しかし、それが現実になった。ささやかな発想の転換が、文字どおり世界を変えたのだ。

家具製造・販売のイケアが実践した発想の転換も忘れるわけにはいかない。すでに述べたように、イケアが発想を転換して、テーブルの脚を取り外して販売しはじめたことで、家具ビジネスのあり方が大きく変わった。この新しい発想が実を結び、新しいビジネスが形を成すまでには、15年の期間が必要だった。

あなたは素晴らしいバイオリン協奏曲を作曲したことはないかもしれないが、ちょっとしたジョークを思いついたことならあるだろう。その才能を生かして、もっと大きなことに、世界を変えることに乗り出そう。

39 「顧客サービス」と「顧客への奉仕」の大きな違い

世界には2種類の人間がいるとよく言われる。それは、「世界には2種類の人間がいる」と思っている人と、そう思っていない人だ。これにならって言えば、私の知る限り、市場には2種類の企業がある。顧客サービスというお題目を掲げる企業と、実際に顧客に奉仕している企業だ（このいずれも実行していない企業もあるが）。政府機関で働いている人は、「顧客に奉仕する」を「市民に奉仕する」と読み替えてほしい。前述したように、市民は政府の「顧客」ではないからだ。

顧客への奉仕は、テクニックでもなければ、プログラムの一環として取り組むべきことでもない。それは、一つの生き方、ビジネスの哲学だ。「利益が増えるから顧客を丁重に扱う」というのでは、顧客への奉仕とは言えない。重要なのは、何を最優先しているかだ。利益を第一に考える人は、人間が目に入らない。それに対し、まず人間のことを考える人は、適正な水準の利益で満足することができ、ビジネスもうまくいく。

会社を上場させたとしよう。株式市場を牛耳っているのは、お金のことしか頭にない人たちだ。誰もがお金を最優先に考えているように見える。そうした環境の下、その会社は営業部員の報酬に歩合制を導入する。すると、部員たちもお金にしか目が向かなくなる。ほとんどの大企業は、最初は顧客に奉仕していた。だからこそ、事業を成長させることができたのだ。株式上場したあともその姿勢を維持できている企業は尊敬に値する。

真の「顧客への奉仕」とは、どのようなものなのか。それは、つくりものではない本心からの行動だ。そのような行動に触れれば、誰でもすぐに気づく。

以前、カナダのケベックシティに素晴らしいレストランがあり、とても感じのよいウェーターが働いていた。ほかではお目にかかれないようなフレンドリーで陽気なウェーターだった。しかし、彼の名前を私は知らない。そのレストランには血の通わない「顧客サービス」のプログラムなど存在せず、「いらっしゃいませ、お客様を担当させていただくメスティフォです！」と名乗らせるルールになっていなかったからだ。

これとは対照的に、マニュアル化された顧客サービスはよそよそしい感じがする。たとえば、「ご利用いただき、ありがとうございます」などと言いながら、電話口で延々と待たせる会社がそうだ（内心は「私たちの時間はあなたの時間より格段に貴重です」と思っているのだろう）。同じことは、店の入り口でスタッフに来店客を出迎えさせるウォルマートにも言える。ある平日の午後、ウォルマートの店舗を訪れた私は、出迎えをさせる人手があるなら、売り場に回して棚を整理させてほしいと思ったものだ。

カナダ人である私としては、航空会社のエア・カナダも忘れるわけにいかない。同社の「顧客サービス」は並外れている。恐れ入ったことに、モントリオール―ボストン路線を独占していた頃は、フライト直前のチケット価格が1066ドルもした。1時間足らずのフライトの、しかも片道料金である（計算が得意でない人のために言うと、往復では2132ドルになる）。エア・カナダは、売り上げのことしか頭になかったのだろう。

顧客サービスは、言ってみれば「顧客の財布に手を突っ込むテクニック」と化してしまう。どっさり金をもってくる顧客にだけ、惜しみないサービスをするのだ。顧客が入店した瞬間に選別がなされて、どの顧客を歓迎し、どの顧客を切り捨てるかが判断される。

私は以前、ホンダの販売店で営業担当者にこう尋ねたことがある。「いくらまで値下げしてもらえますか」。すると、こんな返事が返ってきた。「いま当店で買ってもらえますか。そうでなければ、お教えするわけにはいきません。よその販売店に行って、うちの価格を伝えて交渉するのでしょう？」

私は遠慮なく、ほかの販売店の価格と比べてから、どこで購入するかを決めることにした。なにしろ、マイホームに次いで人生で2番目に大きな買い物なのだ。ホンダの別の販売店に足を運び、セールスマンに尋ねると、いくらまで値下げできるかをすぐに教えてくれた。私はその場で購入を決めた。最初の店に戻るつもりはまったくなかった。たとえもっと安く買えたとしても、もう一度訪ねるのはごめんだった。

ここでもう一つの重要な要素が浮かび上がる。それは、顧客も売り手に敬意を払わなくてはならないということだ。いくらお金をもっていても、サービスを提供してくれる人に敬意を払わない客は、マニュアル化された顧客サービスなら受けられるかもしれないが、顧客として奉仕してもらう資格はない。雇用主に軽んじられ、いつも顧客からぞんざいに扱われている人物は、礼儀正しい顧客に対してすら礼儀正しく対応できなくなってしまう。

40 「もっと多く」より「もっとよく」を

「もっと多く」を目指すのはもうたくさんだ。過剰な生産と消費は、莫大なゴミを生み出して環境を破壊し、地球温暖化に拍車をかける。「もっと多く」は、私たちの会社、私たちの社会、私たちの地球、そして私たち自身に壊滅的な打撃を及ぼす。もっとましな行動があるはずだ。

創業の志は高かったのに

あなたには魅力的なアイデアとほとばしるエネルギーがあったが、資金がなかった。それでも、理解ある金融機関からの融資と、あなた自身という「資本」――1日15時間のハードワーク――を元手に新しい会社を始めた。そして、見事に成功を収めた。顧客は満足してくれたし、社員はやる気に満ちていた。あなたも充実感を味わえたし、経済にも貢献できた。誰もがハッピーだった。

あなたが起業を志したのは、たくさんお金を稼ぎたかったからかもしれないし、社会的名声が欲しかったからかもしれない。あるいは、単に人の下で働きたくなかったからかもしれない。それでも、真剣に起業を目指したのなら、あなたを突き動かした要因がほかにもあったのではないだろうか。何か特別なものを築きたかったり、自分のリーダーシップを超えてコミュニティシップに支えられた会社をつくりたかったりしたのではないか。

しかし、会社が大きくなるにつれて、「自分が交通事故に遭ったら、会社はどうなるのか」といった不安が頭をもたげてくる。あるいは、手持ちの資金では実現できないスピードで会社を成長させたいと思いはじめる。そんなとき、金融関係の友人から新規株式公開(IPO)を勧められる。IPOをおこなって、持ち株を売却して収入を得たり、新規の資金調達をしたりしてはどうか、という提案だ。要するに、投資家の金で成長しようという発想である。悪くないアイデアに思えたので、あなたはその提案に乗る。これが決定的な転機になる。

「もっと多く」もぎ取ろうとする株式市場

あなたはほどなく、様子がおかしいことに気づきはじめる。あなたの会社が望んでいたのは普通に成長することだったが、株式市場は「もっと多く」もぎ取ろうと血眼になっている。マーケットは、あなたのアイデアや理想、顧客や社員のことになど関心がない。

「株主価値」をひたすら拡大させるための道具としか会社を見ていないのだ。しかも、その株主価値なるものは良識的な価値観とはほど遠く、あなた自身の価値観とも相容れない。それでも上場企業の経営者であるあなたは、「もっと多く」を求める貪欲な怪物に餌を与え続けなくてはならない。

おぞましい実例を紹介しよう。２０１５年3月、ドイツの格安航空会社ジャーマンウイングスのパイロットが精神に変調を来たして旅客機を山に激突させ、１５０人の乗客・乗員が全員死亡するという事件があった。この出来事から1カ月も経たないとき、ニューヨーク・タイムズ紙に、ジャーマンウイングスの親会社であるルフトハンザ航空の株主総会の様子を伝える記事が載った。

「ルフトハンザ航空を取り巻くビジネス環境が厳しさを増す中、ジャーマンウイングス機の悲劇により、経営陣が経営の立て直しに注げるエネルギーが削がれるのではないかと、多くの株主が懸念している」と報じられている。あるポートフォリオ・マネジャーは、経営陣に「経営の現実を見て欲しい」と要求したという。[注64] １５０人の命を奪った悲惨な出来事は、経営陣の集中を妨げる雑音としか思われていない。いまや株主が経営陣に求めるのは株主価値という現実だけになりつつある。

あなたの会社に話を戻そう。ＩＰＯによってコミュニティ意識が失われ、社内の雰囲気が変わりはじめた。株式アナリストがつねに業績を分析し、デイトレーダーが頻繁に株式を売買し、抜け目ない金融関係者がいつも目を光らせている。そして、ウォール街のオオカミたちは3カ月に1回のペースで財務報告を発表するよう要求する。3カ月に1回！ そんなペースで会社を経営できる人が、どこにいるというのか。

こんな弊害を被ってまで、IPOをおこなう価値があったのだろうか。

だが、もう手遅れだ。あなたは、プレッシャーと引き換えに会社の成長を加速させたが、長年の顧客が離れはじめていた。古いアイデアで新しい顧客を獲得することは難しい。しかし、「株主価値」が最優先の発想の下では、新しいアイデアを生み出すことは容易でない。

ここで、避けて通れない問いが浮上してくる。創業の理念を守り続けようとしたら、これ以上ビジネスを成長させることはできない――そんな状況の下で、どうすれば「もっと多く」という要求に応えられるのだろう。

会社を荒廃させる

どうすれば「もっと多く」を達成できるのか――この問いに対する答えは、多くの上場企業の行動を見れば明らかだ。

●既存の顧客を食い物にする。たとえば、料金体系をわかりにくくすることは有効な方法だ。あるいは、顧客が利用をやめられないサービスに法外な値段をつけるという方法もある。

●ブランドを棄損する。この方法を選択する企業は多い。誇りをもって高品質の商品やサービスを提供してきたが、これまでの料金では買ってもらえなくなったのなら、質を落として料金を下げ、新しい顧客を獲得しようというわけだ。長年かけて築いてきた評判があるので、とりあえずはこの方法で売り上げを増やせる。

●コストを減らす。売り上げを増やせないなら、出費を切り詰めればよい。メンテナンス費用を削り、研究開発費用を削る。コストというコストは可能な限り削る。ただし、幹部の報酬は別だ。

●労働者をさらに搾取する。この方法も忘れるわけにはいかない。正社員を非正規社員に転換して賃金を引き下げ、手当や福利厚生を削るのだ。全員解雇して生産拠点を国外に移せれば、もっと有効だ。

どれもうまくいかなかった場合は、事業を多角化すればよい。よく知らない分野でも構わないから、ありとあらゆる分野に進出する。それになんの意味があるのかって？　気にする必要はない。あなたの会社はもう大企業だ。投入できる資金はいくらでもある。

社会を荒廃させる

いまやグローバル企業になったあなたの会社は、どの国にも義務を負わない存在になった。本拠を置く自国に対しても例外でなく、もはやほとんど税金も納めていない。ここまで来れば、もう遠慮はいらない。どんな手を使っても金さえ儲かればよい。

- ライバル企業と共謀してカルテルをつくる。もっと理想的なのは、ライバル企業を――競争の一環という目的で――すべて買収して、自社の傘下に収めることだ。
- 自由な企業行動を可能にするためという大義名分の下、世界中の国の政府にロビー活動をおこない、業界への補助金を引き出し、邪魔な規制を撤廃させる。
- 搾取的な企業は、いずれは経営が立ち行かなくなる。だが、心配はいらない。あなたの会社は「大きすぎて潰せない」からだ。これまであなたはさんざん政府を裏切ってきたが、「政治献金」という名の賄賂をばらまいてきたおかげで、その政府があなたの会社を救ってくれる。あなたの会社が犯した失敗のコストは、社会全体に転嫁されるのだ。経済学者たちもこうしたイカサマに足並みをそろえて、「外部性」という言葉でこれを正当化してくれる。

自分を荒廃させる

やがて、ふと我に返ったあなたは、自分自身も被害者であることに気づく。すべてIPOに踏み切った自分が悪いのか。あなたは昔、自分の仕事が大好きだった。努力して顧客を獲得し、その人たちに進んで奉仕した。職場にも製品にも社員にも誇りをいだいていた。だが、いまはすっかり変わってしまった。顧客からは罵りのメールが届くようになり、社員には冷たい視線を向けられるようになった（そもそも、社員と対面する機会もめっきり減った）。

せっかく魅力ある会社を築いたのに、どうしてその魅力を捨てる羽目になったのか。昔はまわりを楽しくさせる探検者《エクスプローラー》だったのに、いまは不快な搾取者《エクスプロイター》に成り下がってしまった。築き上げた評判という財産を取り崩して金に換えたものの、とても使い切れそうにない。

さて、こんな企業であふれ返っている国を思い浮かべてほしい。地球がこんな企業ばかりで埋め尽くされたらどうなるだろう。実は、いまの世界はそうなりつつある。

この種の企業は、新しい活力ある企業を築くために使えたはずの資源を抱え込み、経済を歪め、社会を弱体化させ、コミュニティを衰退させている。国同士を競わせ、民主主義の土台も蝕んでいる。際限なく生産と消費を増やすことで、地球にも害を与えている。

すべての企業がこんなことをしているわけではないが、こうした企業があまりに多いことは事実だ。私たちはどこまで「もっと多く」を追求すれば満足するのだろう(注65)。

「もっと多く」だけを目指す一面的な企業は、一面的な人間と同じく病的と言わざるをえない。そのような企業は、生態系に悪影響を及ぼす外来種のような存在だ。健全な社会に、そんな企業は必要ない。「成長のための成長を追求する発想は、癌細胞のような悪しきイデオロギーである」と、環境保護活動家の故エドワード・アビーが1978年に喝破したとおりだ(注66)。

「もっとよく」を目指す

IPOに踏み切るかどうかという決断の場面に話を戻そう。あなたは、リーダーとして先頭に立ち、会社を成長させてきたはずだ。なぜ、ほかの多くの企業に追随して――いわばフォロワーになって――ＩＰＯを目指したのか。株式を上場させることにより、わざわざ強欲な株式市場の言いなりになる必要が本当にあったのか。

会社を成長させるための資金を調達する方法は、株式上場だけではない。たとえば次のような方法もある。

●良識的で辛抱強い投資家を見つけ、社会的責任と地球環境を大切にしながらビジネスを成長させることを認めてもらう。

●ＩＰＯをおこなうが、２種類の株式を発行することにより、株式アナリストを寄せつけないようにする。具体的には、インドの巨大財閥タタやデンマークの多くの企業のように、議決権のある株式を創業者一族のファミリー・トラストに集中させればよい。

●お金だけでなく、社会や環境にも配慮することを約束し、「Ｂコーポレーション」（訳注：環境や社会に配慮する企業に与えられる民間認証。「Ｂ」はbenefit＝利益）の認証を取得するのもよいだろう。

新しく会社を立ち上げる場合は、次のような方法がある。

- 莫大な資金を必要とする事業でなければ、融資や自己資金で資金をまかなえばよい。それに、真の起業家精神に突き動かされた新興企業では、汗水垂らして働くことこそが重要な投資だ。
- 協同組合の形態を採用するという選択肢もある。協同組合とは、メンバーが所有する団体である。一人ひとりのメンバーが持ち分を所有し、一人が多くの持ち分を所有することは許されない。生活協同組合のように消費者がオーナーになることもあれば、農業協同組合のように生産者がオーナーになることもある。スペインのバスク自治州で生まれた労働者協同組合モンドラゴンのように、働き手がオーナーになるケースもある。1950年代半ばに発足したモンドラゴンは、幅広い事業を展開し、7万2000人の会員をもっている。
- すでに会社があるなら、それを社員たちに譲り渡してもよい。社員は、会社の形式的な所有者であるデイトレーダーたちよりはるかに会社を愛している。社員に会社を譲るという選択は、丁寧に築いてきた会社の名声を台無しにするよりずっとよい。イギリスで百貨店とスーパーマーケットを展開するジョン・ルイス・パートナーシップは、1950年にそのような転換を経験し、社員が所有する企業になった。同社は現在8万4000人の共同所有者を擁し、競争の激しい小売業界で成功を収めている。

- 「社会的企業」という選択肢もある。特定の所有者がいない事業体のことだ。この種の組織はいたるところにある。私の妻は賃貸物件の不動産エージェントとして、50歳以上向けのアパート250室を管理している。これは非営利の事業だ。営利の不動産会社とはまるで雰囲気が違う。有力NGOがビジネス活動をおこなっているケースも少なくない。たとえば、有料で水泳教室を運営して収益を得ている赤十字支部もある。

「もっと多く」より「もっとよく」を

経済学者は、「もっと多く」を目指すことが進歩への道だと主張する。しかし、それは退歩への道にほかならない。それは、社会だけでなく経済の退歩をもたらす。良識を欠いたドグマにまどわされて、子孫や地球の未来を損なってはならない。もちろん発展と雇用は必要だが、それは責任ある発展と安定的な雇用であるべきだ。健全な社会は、良識と多様性のある経済があって初めて成り立つ。ひたすら強欲に成長を追求する経済は、健全な社会を生まない。この点で株式市場が社会に及ぼしてきたダメージはきわめて大きい。

確かに、もっと多くのものを必要としている貧しい人が世界には大勢いる。しかし、その人たちに必要なのは、食料や住宅、雇用、安全だ。いわゆる「先進国」の社会に悪影響を及ぼしているような、ひたすら「もっと多く」を追求する姿勢は必要でない。「もっと多く」の経済を「もっとよく」の経済へ転換させるべきだ。社会を悪化させるのではなく向上させるために、量から質への転換を果たす必要がある。長持ちする製品、ヘルシーな食品、一人ひとりに合わせたサービス、堅固な教育を生み出すために、私たちは努力すべきだ。「もっとよく」を目指せば、雇用は減るのではなく増える。しかも、より健全な組織における、より高給の仕事が生まれるのだ。人はよい仕事に就けば、満足感を覚え、よりよい人生を送ることができる。「もっと多く」ではなく、「もっとよく」を目指そう。

41 ベストよりグッドを目指せ

1997年、モントリオールからロンドンに飛び、ヒースロー空港に降り立った私は、寝不足で充血した目のまま、スチュアート・クレイナーのインタビューを受けた。クレイナーはデス・ディアラブと共著で、いわゆるマネジメント・グル(訳注:マネジメントに関するカリスマ思想家)をテーマにした本を書こうとしていて、私はそのための取材を何度か受けていた。

「グル」稼業は競争が激しいのではないかと、クレイナーに尋ねられた。「そんなことはまったくない。競争のプレッシャーを感じたことなんて一度もない」と、私は答えた。それに続けて、私は時差ボケの眠気と戦いながら、きっぱり言った。その一語一語をいまもよく覚えている。「最高のグルになんか、なりたいと思ったことはない。そんなのは志が低い。よいグルになら、なりたいけど」

傲慢な人間だと誤解しないでほしい。ほかの人たちより自分が優れていると言いたかったわけではない。一番を目指してはいないと言いたかったのだ。最高の仕事を成し遂げるのは、人と競争するのではなく、自分自身と競争している人だ。そのような人物は、ライバルの中でのベストではなく、自分のベストを尽くしている。

そもそも、何が「ベスト」かを、誰がどうやって決めるのか。チャイコフスキーはベートーベンより上なのか。エディット・ピアフが最高の音楽家なのか。誰にも答えは出せない。けれども、ピアフが素晴らしいことは間違いない。彼女の素晴らしさは他の音楽家との比較で語れるものではないから、「ベスト」などというラベルを張られる危険もない。経営学者のマイケル・ポーターは、ビジネスで競争力を得るための方法を精力的に論じ続けているが、記念碑的著作である『競争の戦略』(邦訳・ダイヤモンド社)を執筆したとき、ポーターは誰かと競争していたのだろうか。

このテーマに関して私が一番気に入っている逸話を紹介しよう。それは、1984年のロサンゼルス五輪の板飛び込み競技で金メダルを獲得したシルヴィー・ベルニエ(カナダ)の経験だ。シルヴィーがIMHL(国際医療リーダーシップ修士課程)を受講したときに知り合った私は、彼女に尋ねた。オリンピックで金メダルを獲得するようなスポーツ選手は、ほかの人たちとどこが違うのか。

シルヴィーが語ったストーリーは、きわめて印象的だった。彼女は、ほかの選手のことではなく、自分自身の経験について話した。20歳で迎えたロサンゼルス五輪の競技当日、決勝への進出を決めた彼女は、あらゆる人や物事を意識の外に追いやった。コーチや親、ジャーナリストもすべて寄せつけず、新聞やラジオやテレビも遠ざけた。競技中、その時点での順位や成績を耳に入れたくなかったのだ。

だから、最後の試技を終えた時点で、金メダルを獲得できたのか、それとも何も獲れなかったのかわからなかった。だからこそ、優勝できたのかもしれない。彼女がベスト（一番）になりたいと思っていたことは間違いない。金メダルを獲れるのは一人だけだからだ。しかし、その目標を達成するために選んだ方法は、自分のベスト（最善）を尽くすこと、言い換えれば自分自身と競うことだったのである。

高い水準を目指す姿勢を捨てるのではなく、一番にならなくてはならないという思い込みのほうを捨てるべきだ。そうすれば、自分にとって最善の結果を得ることができるのだ。

42 さあ、マネジメントを始めよう！

スクランブルエッグを食べること。指揮台の上でも下でも、飛行機の中でも地上でも。牛のような組織をつくること。すべての社員が非凡なアイデアを生み出せるようにするために。

ときには、考える前に行動すること。そうすれば、庭に雑草が生い茂るように戦略が育つだろう。

数値計測できない？　それなら、マネジメントすればよい。データがない？　それなら、経験を大切にすればよい。

取締役会というミツバチの羽音、悪い結果をもたらすＩＰＯ、恥ずべきＣＳＩ（企業の社会的無責任）、そして分析しすぎるアナリストを警戒しよう。みずからを分析するときは、効率性ではなく有効性を検討すること。

不適切な言葉を使うのをやめよう。「トップ」という言葉を使うのをやめ、「株主価値」を捨て、「戦略計画」「人的資源」「顧客サービス」「変革」もお払い箱にしよう。病院や政府機関、そのほか危機に瀕している組織から、「ＣＥＯ」という肩書きを追放しよう。

そして最後に、一番大切なこと。自分にとってのベストを尽くそう。そうすれば自然な幸せを噛みしめることができる。

謝辞

ベレット・ケーラー社のケイティが私にブログを書くように勧めてくれた。私はその勧めに従った。やがて、ジーバンがブログの記事をまとめて本にしてはどうかと言った。その結果生まれたのがこの本だ。本をつくる過程では再びケイティが助けてくれて、クリステンとともに*Bedtime Stories for Managers*（原題）というタイトルを提案してくれた。私は喜んでそれに賛成した。

ベレット・ケーラーの魅力的なマネジャーであるスティーブは、この本の企画にのめり込んでくれた。その点は、同社のほかの面々、ラーゼル、ミッチェル、デイビッド、ニール、ジョアンナ、マリアジーザス、キャサリン、クロエ、そして同社外で力を貸してくれた面々、もう一人のデイビッド、ケン、ジャン、エリザベスも同じだ。

わが家では、リサがこの本をより魅力的なものにするために助力してくれた。また、ダルシーはブログの記事を磨くのを助け、スージーは本の草稿を推敲するのを助けてくれた。メアリーは執筆のプロセスを通じて私を導き、多くの困難を克服するのを助けてくれた。

これは、職場で素晴らしいアシスタントのサンタがこの20年間やってくれていることでもある。

さまざまな形でこの本の実現に手を貸してくれた全員に、心からありがとうと言いたい。

著者の自己紹介

私はカナダのモントリオールにあるマギル大学で、マネジメントやそのほかのあれこれを教授している（経営管理学部クレゴーン記念講座教授という肩書きだ）。大学では、マネジャーの成長を助けたり（impm.org）、医療専門家の成長を助けたり（imhl.org）、さまざまな組織のマネジャーたちが組織内で自分を成長させるのを助けたりしている（CoachingOurselves.com）。それ以外の時間は、組織の世界から離れて、スケートをしたり、自転車で走ったり、山に登ったり、お気に入りのカヌーを漕いだりしている。

20の名誉学位とカナダ・オフィサー勲章を授与されていることも付け加えておこう。そのほかの細々とした情報は、私の公式サイト（https://mintzberg.org/）を見てほしい。「彫刻」（sculptures）のコーナーでは、ビーバーを題材にしたアート作品のコレクションを披露している。「著書」（books）のコーナーには、私の著作一覧を掲載した。私が飛行機で経験したゾッとする話を集めた著作 *The Flying Circus*（ザ・フライング・サーカス）もそこで読める。ブログ（blog）のコーナーには、この本に収録した文章のような新しいストーリーを載せている。

ちなみに、これは私にとって12冊目の著書だ。これまで書いた中で一番真剣な本と言えるかもしれない。ベレット・ケーラー社から出版するのは6冊目になる。目下の私の関心事は、手遅れになる前に、前著『私たちはどこまで資本主義に従うのか』(邦訳・ダイヤモンド社)に書いた問題について世界の目を覚まさせることだ。

New York Times, July 20, 2013, https://www.nytimes.com/2013/07/21/business/a-shuffle-of-aluminum-but-to-banks-pure-gold.html.

61. 私の以下の著書を参照. *Rebalancing Society: Radical Renewal beyond Left, Right, and Center* (San Francisco: Berrett-Koehler, 2015) [『私たちはどこまで資本主義に従うのか』ダイヤモンド社].

62. Henry Mintzberg "Who Should Control the Corporation?" *California Management Review* 27, no. 1 (1984), http://journals.sagepub.com/doi/10.2307/41165115 を参照. 以下の著書の第 4 部も参照. Henry Mintzberg, *Power in and around Organizations* (1983), available at http://www.mintzberg.org/books/power-and-around-organizations.

第7章　未来の話

63. Siang Yong Tan and Yvonne Tatsumura, "Alexander Fleming (1881-1955): Discoverer of Penicillin," *Singapore Medical Journal* 67, no. 7 (2015); doi:10.11622/smedj.2015105.

64. Nicola Clark, "Germanwings Crash Looms Large at Lufthansa Shareholders Meeting," *New York Times*, April 29, 2015, https://www.nytimes.com/2015/04/30/business/germanwings-crash-looms-large-at-lufthansa-shareholders-meeting.html.

65. 私の以下の著書を参照. Rebalancing Society [『私たちはどこまで資本主義に従うのか』ダイヤモンド社].

66. Edward Abbey, *One Life at a Time, Please* (New York: Henry Holt, 1978, 1988), p.22.

良の経営書は自分が自分のために書いたものである，というのは当然のことだ．

53. 私の著書*Managers Not MBAs*［『MBAが会社を滅ぼす』］の1～6章を参照．また，私の以下の論文 "Looking Forward to Development," *Training and Development*, February 13, 2011 (https://www.td.org/magazines/td-magazine/looking-forward-to-development) および "From Management Development to Organization Development with IMP*act*," *OD Practitioner* 43, no. 3 (2011) (http://www.mintzberg.org/sites/default/files/article/download/odpractitionerv43no3.pdf) を参照．さらに Jonathan Gosling and Henry Mintzberg, "The Five Minds of a Manager," *Harvard Business Review*, November 2003, https://hbr.org/2003/11/the-five-minds-of-a-manager［ジョナサン・ゴスリング，ヘンリー・ミンツバーグ「参加型リーダーのマインドセット」DIAMONDハーバード・ビジネス・レビュー，2004年3月号］を参照．

54. D. D. Guttenplanは以下の記事でみずからの経験を記している．"The Anti-MBA," *New York Times*, May 20, 2012, https://www.nytimes.com/2012/05/21/world/europe/21iht-educlede21.html.

55. このストーリーはJonathan Goslingとともに執筆した．

第5章　文脈の話

56. 以下の著作を参照．David G. Moore and Orvis F. Collins, *The Organization Makers* (New York: Appleton-Century-Crofts, 1970). この本は1964年に*The Enterprising Man*というタイトルで出版されていた．

57. T. S. Eliot, "Little Gidding," http://www.columbia.edu/itc/history/winter/w3206/edit/tseliotlittlegidding.html.

58. 私の以下の著書を参照．*Managing the Myths of Health Care: Bridging the Separations between Care, Cure, Control, and Community* (San Francisco: Berrett-Koehler, 2017).

59. 私の以下の論文を参照．"Managing Government, Governing Management," *Harvard Business Review*, May-June 1996, https://hbr.org/1996/05/managing-government-governing-management［「政府の組織論」DIAMONDハーバード・ビジネス・レビュー，2003年1月号］．以下の著作も参照．Jacques Bourgault, *Managing Publicly: Monographs of Canadian Public Administration* no. 25 (Toronto: Institute of Public Administration of Canada, 2000).

第6章　責任の話

60. David Kocieniewski, "A Shuffle of Aluminum, but to Banks, Pure Gold,"

42. Francis J. Kelly and Heather Mayfield Kelly, *What They Really Teach You at the Harvard Business School* (New York: Warner, 1986)［『世界最強の教育機関 ハーバード・ビジネススクールは何をどう教えているか』経済界］.

43. Ewing, *Inside the Harvard Business School*.

44. Michael Kinsley, "A Business Soap Opera," *Fortune*, June 25, 1984.

45. Brian O'Reilly, "Agee in Exile," *Fortune*, May 29, 1995, http://archive.fortune.com/magazines/fortune/fortune_archive/1995/05/29/203144/index.htm.

46. 私とJoseph Lampelの以下の共著論文を参照. "Do MBAs Make Better CEOs? Sorry, Dubya, It Ain't Necessarily So," *Fortune*, February 19, 2001. 私の以下の著書も参照. *Managers Not MBAs: A Hard Look at the Soft Practice of Managing and Management Development* (San Francisco: Berrett-Koehler, 2004), pp.111-119［『MBAが会社を滅ぼす』日経BP］.

47. Danny Miller and Xiaowei Xu, "A Fleeting Glory: Self-Serving Behavior among Celebrated MBA CEOs," *Journal of Management Inquiry* 25, no. 3 (2015): pp.286-300.

48. あるインタビューでのダニー・ミラー (Danny Miller) の発言. 以下の論文を参照. Nicole Torres, "MBAs Are More Self-Serving Than Other CEOs," *Harvard Business Review*, December 2016.

49. Danny Miller and Xiaowei Xu, "MBA CEOs, Short-Term Management and Performance," *Journal of Business Ethics* (February 2, 2017).

50. ヘンリー・フォード, アルバート・アインシュタイン, マーク・トウェインといった面々の発言とされている. アインシュタインの実際の発言は以下のとおり.「狂気とは, 同じことを何度も繰り返し, 違う結果になると期待することである」

51. 「IMPM」(国際マネジメント実務修士課程) (impm.org) はビジネス向けのプログラム. のちに, 医療部門向けの同様のプログラムも発足させた.「IMHL」(国際医療リーダーシップ修士課程) (imhl.org) である.

52. IMPMで学んだルフトハンザ航空のシルケ・レンハルトは, これからプログラムに参加しようとする同僚たちに「いままで読んだ経営書の中で, これがいちばん!」と言った. そのときレンハルトが手にもっていたのは, IMPMで使った「洞察ノート」だった. これはプログラム開始時に, 何も書かれていない状態で参加者全員に配られる. プログラムの日々は, 朝の内省の時間から始まる. まず, 一人ひとりが自分の学習やマネジメントや人生について考えたことをこのノートに記す. そのあと, 同じテーブルを囲んだ仲間たちと意見を交換し, さらに, 特に説得力のある発見について教室全体で話し合う. マネジャーにとって最

32. Henry Mintzberg, *Managing the Myths of Health Care: Bridging the Separations between Care, Cure, Control, and Community* (San Francisco: Berrett-Koehler, 2017) 参照.

33. Robert F. Kennedy, "Remarks at the University of Kansas" (speech, Lawrence, KS, March 18, 1968), http://www.jfklibrary.org/Research/Research-Aids/Ready-Reference/RFK-Speeches/Remarks-of-Robert-F-Kennedy-at-the-University-of-Kansas-March-18-1968.aspx.

34. Seth Mydans, "Recalculating Happiness in a Himalayan Kingdom," *New York Times*, May 6, 2009, http://www.nytimes.com/2009/05/07/world/asia/07bhutan.html.

35. "2010 Survey Results: Results of the Second Nationwide 2010 Survey on Gross National Happiness," accessed August 4, 2018, http://www.grossnationalhappiness.com/survey-results/index.

36. "ACM: Cultural Marxism: The Highest Stage of RW Brakin' 2 Eclectic Bugaboo," Daily Kos, March 22, 2015, https://www.dailykos.com/stories/2015/3/22/1366643/-Anti-Capitalist-Meetup-Cultural-Marxism-the-highest-stage-of-RW-brakin-2-eclectic-bugaboo.

37. "Bhutan's 'Gross National Happiness' Masks Problems, Says New Prime Minister," *Telegraph*, August 2, 2013, https://www.telegraph.co.uk/news/worldnews/asia/bhutan/10217936/Bhutans-gross-national-happiness-masks-problems-says-new-prime-minister.html.

38. Gardiner Harris, "Index of Happiness? Bhutan's New Leader Prefers More Concrete Goals," *New York Times*, October 4, 2013, https://www.nytimes.com/2013/10/05/world/asia/index-of-happiness-bhutans-new-leader-prefers-more-concrete-goals.html.

39. "Bhutan's 'Gross National Happiness' Masks Problems."

40. F. Scott Fitzgerald, "Part I: The Crack-Up," *Esquire*, February 1936 (reprinted March 7, 2017), https://www.esquire.com/lifestyle/a4310/the-crack-up.

第4章　マネジャー育成の話

41. David W. Ewing, *Inside the Harvard Business School*, citing Howard Stevenson (New York, Times Books, 1990), p.273［『ハーバード・ビジネス・スクールの経営教育』TBS ブリタニカ］.

第3章　分析の話

24. Robert S. Kaplan and Michael E. Porter, "The Big Idea: How to Solve the Cost Crisis in Health Care," *Harvard Business Review*, September 2011, https://hbr.org/2011/09/how-to-solve-the-cost-crisis-in-health-care.

25. Alfred North Whitehead, *Science and the Modern World* (Cambridge: Cambridge University Press, 1925) ［A・N・ホワイトヘッド『科学と近代世界』松籟社］.

26. 私の以下の論文を参照. Henry Mintzberg, "Beyond Implementation: An Analysis of the Resistance to Policy Analysis" in K. Brian Haley, ed., *Operational Research 1978: International Conference Proceedings* (Amsterdam: Elsevier, 1979), pp.106-162. この論文の簡約版は*INFOR* in May 1980で読むことができる.

27. Herbert A. Simon, *Administrative Behavior: A Study of Decision-Making Processes in Administrative Organization*, 2nd ed. (New York: Macmillan, 1957), p.14 ［ハーバート・A・サイモン『経営行動』ダイヤモンド社］.

28. 私の以下の論文を参照. Henry Mintzberg, "A Note on That Dirty Word 'Efficiency,'" *Interfaces* 12, no. 5 (1982), p.101-105, https://doi.org/10.1287/inte.12.5.101.

29. 以下の文献による. Abraham Kaplan, *The Conduct of Inquiry: Methodology for Behavioral Science* (New York: Routledge, 1998; also Chandler, 1964).

30. ジョサイア・スタンプの1929年の発言とされている. 以下の文献に引用. Michael D. Maltz, *Bridging Gaps in Police Crime Data: A Discussion Paper from the BJS Fellows Program* (Washington, DC: Bureau of Justice Statistics, 1999), p.3, https://www.bjs.gov/content/pub/pdf/bgpcd.pdf.

31. 第二次世界大戦期に統計専門家としてイギリス政府で働いたイーリー・デヴォンズは, 戦時中のイギリス空軍省における「統計と計画」について論じている (*Planning in Practice: Essays in Aircraft Planning in War-time* ［Cambridge: Cambridge University Press, 1950］). デヴォンズによれば, この種のデータの収集はきわめて高度で微妙な作業なので, 本来は「高いレベルのスキル」が必要とされるが, 実際には「程度の低い, 安っぽい単純作業のように……扱われていて, 最も能力の低い役人をあてがっておけば十分とみなされていたようだ」(p.134). その結果, ありとあらゆる誤りがデータに入り込んだ. 祝日の類いをいっさい無視して, どの月も同じ1カ月として扱われていた.「統計数字はえてして, 判断や推測の結果をひとことで言い表すための都合のよい手段にすぎなかった」(p.155). ときには,「当事者間の取引」によって統計が操作される場合もあった. しかし,「いったん数字が発表されると……誰がどう筋道立てて反証を示しても, その数字の誤りを人々に理解させることはできない」(p.155).「数字が『統計』と呼ばれるようになると, 聖典のごとく権威があり, 神聖不可侵なものとみなされるのだ」(p.155).

Vanishing Table, or Community in a World That Is No World," in *Community in the Digital Age: Philosophy and Practice* [Lanham, MD: Rowman and Litttlefield, 2006]).

16. Thomas L. Friedman, "Facebook Meets Brick-and-Mortar Politics," *New York Times*, June 9, 2012, https://www nytimes.com/2012/06/10/opinion/sunday/friedman-facebook-meets-brick-and-mortar-politics.html.

17. ハーバード・ビジネス・スクールのケーススタディは「リーダー個人の役割を誇張している. 62%は, 英雄型のマネジャーが一人で行動する様子を描いている」と, 同スクールの内部調査は指摘している (Andrew Hill, "Harvard and Its Business School Acolytes Are Due a Rethink," *Financial Times*, May 7, 2017, https://www.ft.com/content/104359b4-3166-11e7-9555-23ef563ecf9a).

18. John P. Kotter, "Leading Change: Why Transformation Efforts Fail," *Harvard Business Review*, March–April 1995; reprinted January 2007［ジョン・P・コッター「企業変革の落とし穴」DIAMOND ハーバード・ビジネス・レビュー, 2002 年 10 月号］(引用は 2007 年のリプリント版に基づく).

19. "1956: Designing Furniture for Flat Packs and Self-Assembly," Ikea.com, accessed July 31, 2018, https://www.ikea.com/ms/fr_MA/about_ikea/the_ikea_way/history/1940_1950.html.

20. コッターは論文の最後のパラグラフで,「現実には, 変革の取り組みが実を結ぶ場合も, その過程は混乱に満ちていて, 思いがけないことが立て続けに起きる」と述べている. しかし, このセンテンスは最初のパラグラフに記すべきだった. そうすれば, ほかのパラグラフの記述もかなり変わっていたかもしれない.

21. Regina E. Herzlinger, "Why Innovation in Health Care Is So Hard," *Harvard Business Review*, May 2006, https://hbr.org/2006/05/why-innovation-in-health-care-is-so-hard［レジナ・E・ヘルツリンガー「医療業界でイノベーションが失敗する理由」DIAMOND ハーバード・ビジネス・レビュー, 2006 年 8 月号］.

22. Harry Braverman, *Labor and Monopoly Capital: The Degradation of Work in the Twentieth Century* (New York: Monthly Review Press, 1974), p.87［ハリー・ブレイヴァマン『労働と独占資本』岩波書店］.

23. Henry Mintzberg, *Mintzberg on Management* (New York: Free Press, 1989) の第 2 部を参照［ヘンリー・ミンツバーグ『人間感覚のマネジメント』ダイヤモンド社］. 最初にこの点を論じた著書である私の *The Structuring of Organizations* とその簡約版である *Structure in Fives* は多くの言語に翻訳出版されているが, 英語では手に入りにくくなっている. 現在, この本の改訂版の刊行を準備している. 暫定タイトルは *Understanding Organizations...Finally* である.

tion 3, no. 2 (2017): 173. doi:10.5465/amle.2004.13500521.

9. この点については以下の著書の第6章で論じた. Henry Mintzberg, *Simply Managing: What Managers Do—and Can Do Better* (San Francisco: Berrett-Koehler, 2013) [ヘンリー・ミンツバーグ『エッセンシャル版　ミンツバーグ　マネジャー論』日経BP社].

10. 私の以下の2つの著書の, いずれも第3章を参照. Henry Mintzberg, *The Nature of Managerial Work* (New York: HarperCollins, 1973) [ヘンリー・ミンツバーグ『マネジャーの仕事』白桃書房] および *Simply Managing* [『エッセンシャル版　ミンツバーグ　マネジャー論』].

11. Terry Connolly, “On Taking Action Seriously” in Gerardo R. Ungson, ed., *Decision-Making: An Interdisciplinary Inquiry* (Boston: Kent, 1982), p.45.

12. この点や関連する点については以下を参照. Henry Mintzberg, Bruce Ahlstrand, and Joseph Lampel, *Management: It's Not What You Think!* (AMACOM, 2010).

13. 以下の私の論文を参照. Henry Mintzberg, “Crafting Strategy,” *Harvard Business Review*, November-December 1998, https://hbr.org/1987/07/crafting-strategy [ヘンリー・ミンツバーグ「戦略クラフティング」DIAMONDハーバード・ビジネス・レビュー, 2007年2月号]. さらに詳しくは, 以下の私の著書を参照. *Tracking Strategies: Toward a General Theory* (New York: Oxford University Press, 2007), *Strategy Bites Back* (Harlow, UK: Pearson, 2005), および *Strategy Safari: A Guided Tour through the Wilds of Strategic Management* (New York: Prentice-Hall, 2009; also Free Press, 1998) [『戦略サファリ 第2版』東洋経済新報社,『戦略サファリ』東洋経済新報社].

第2章　組織の話

14. 私が初めて「コミュニティシップ」という言葉を用いたのは, Henry Mintzberg, “Community-ship Is the Answer,” *Financial Times*, October 23, 2006である. 以下の論文も参照. Henry Mintzberg, “Rebuilding Companies as Communities,” *Harvard Business Review*, July-August 2009, https://hbr.org/ 2009/07/rebuilding-companies-as-communities [「『コミュニティシップ』経営論」DIAMONDハーバード・ビジネス・レビュー, 2009年11月号].

15. Jeffrey BoaseとBarry Wellmanは,「これまでの研究によれば, インターネットが多くの人にとって新しい人間関係を花開かせているとは言えず」, 人々はおおむね以前から知っている人とコミュニケーションを取っており, オンラインで知り合った関係が長続きする場合は「オフラインの関係に移行することが多い」と指摘している (D. D. Barney, “The

原注

第1章　マネジメントの話

1. この件は以下の著書で詳しく紹介した. Henry Mintzberg, *The Flying Circus: Why We Love to Hate Our Airlines and Airports*, 2005. 以下で全文を読むことができる. http://www.mintzberg.org/sites/default/files/book/flying_circus_whole_book_august_2005.pdf.

2. 私の以下の論文を参照. この論文では, あるオーケストラ指揮者のリハーサルに1日密着して観察した内容を記した. Henry Mintzberg, "Covert Leadership: Notes on Managing Professionals," *Harvard Business Review*, November-December 1998, https://hbr.org/1998/11/covert-leadership-notes-on-managing-professionals［ヘンリー・ミンツバーグ「プロフェッショナル組織の『見えない』リーダーシップ」DIAMOND ハーバード・ビジネス・レビュー, 2003 年 1 月号］.

3. Peter F. Drucker, *The Practice of Management* (New York: Harper & Row, 1954), pp.341-342［P・F・ドラッカー『現代の経営』ダイヤモンド社］.

4. Sune Carlson, *Executive Behaviour: A Study of the Workload and the Working Methods of Managing Directors* (Stockholm: Strombergs, 1951), p.52.

5. Leonard R. Sayles, *Managerial Behavior: Administration in Complex Organizations* (New York: McGraw-Hill, 1964), p.162［L. セイルズ『管理行動――ミドルマネジメントの行動研究』ダイヤモンド社］.

6. インターネット上には, 指揮者をリーダーと位置づけた動画があふれている. たとえば, 指揮者兼ビジネスコンサルタントのイタイ・タルガム (Itay Talgam) による TED 講演 (2009 年 10 月 21 日) を参照. この講演は問題の両方の側面をよく描き出している. www.youtube.com/watch?v=Wn1fV47NaWY.

7. Warren Bennis, *On Becoming a Leader* (Philadelphia: Basic Books, 1989)［ウォレン・ベニス『リーダーになる』海と月社］および Abraham Zaleznik, "Managers and Leaders: Are They Different?" *Harvard Business Review*, January 2004, https://hbr.org/2004/01/managers-and-leaders-are-they-different［アブラハム・ザレズニック「マネジャーとリーダー：その似て非なる役割」DIAMOND ハーバード・ビジネス・レビュー, 2008 年 2 月号］.

8. Mie Augier, "James March on Education, Leadership, and Don Quixote: Introduction and Interview," *Academy of Management Learning & Educa-*

［著者］
ヘンリー・ミンツバーグ（Henry Mintzberg）
1939年生まれ。カナダのマギル大学クレグホーン寄付講座教授。著書に『私たちはどこまで資本主義に従うのか』『マネジャーの実像』『MBAが会社を滅ぼす』『戦略サファリ［第2版］』『H.ミンツバーグ経営論』などがある。経営思想界のアカデミー賞と言われるThinkers 50で3人目となる生涯功績賞（Lifetime Achievement Award）を受賞。

［訳者］
池村千秋（いけむら・ちあき）
翻訳者。主な訳書に『LIFE SHIFT』『なぜ人と組織は変われないのか』『WORK DESIGN』などがある。『私たちはどこまで資本主義に従うのか』『MBAが会社を滅ぼす』『エッセンシャル版 ミンツバーグ マネジャー論』などミンツバーグの翻訳も数多く手がける。

これからのマネジャーが大切にすべきこと
42のストーリーで学ぶ思考と行動

2021年２月16日　第１刷発行

著　者――ヘンリー・ミンツバーグ
訳　者――池村千秋
発行所――ダイヤモンド社
〒150-8409　東京都渋谷区神宮前6-12-17
https://www.diamond.co.jp/
電話／03·5778·7228（編集）　03·5778·7240（販売）
装丁・本文デザイン―遠藤陽一（design workshop jin）
校正――茂原幸弘
製作進行――ダイヤモンド・グラフィック社
印刷――信毎書籍印刷（本文）・新藤慶昌堂（カバー）
製本――本間製本
編集協力――御立英史
編集担当――肱岡 彩、大坪 亮

©2021 Chiaki Ikemura
ISBN 978-4-478-10799-7
落丁・乱丁本はお手数ですが小社営業局宛にお送りください。送料小社負担にてお取替えいたします。但し、古書店で購入されたものについてはお取替えできません。
無断転載・複製を禁ず
Printed in Japan

ヘンリー・ミンツバーグの本

私たちはどこまで資本主義に従うのか

市場経済には「第3の柱」が必要である

池村千秋［訳］

企業と政府だけでは社会の問題は解決できない
現代社会の問題の根幹には、企業を代表とする民間セクターの力が過度に強まり、社会がバランスを失っていることがある。社会を担うのは政府セクター、民間セクターだけではない。NGO、社会運動、社会事業などから構成される「多元セクター」が第三の柱になる必要がある――。かねてから経済や組織は合理性だけで機能しないことを訴えているミンツバーグが、視野を社会全体に広げて語る、集大成的著作！

●四六判並製●定価（1600円＋税）

H.ミンツバーグ経営論

DIAMONDハーバード・ビジネス・レビュー編集部［訳］

ミンツバーグの論文を集めたアンソロジー
Harvard Business Reviewに寄稿された10の論文を収録。「マネジャーの仕事の分析」「戦略形成」「組織設計」の3つのテーマ別に論文を編んだ。マネジメントに唯一最善解が存在しないことを強調し、常に矛盾と例外に対峙して本質を見出そうとするミンツバーグの経営思想が詰まった1冊。

●四六判上製●定価（2800円＋税）

https://www.diamond.co.jp/